Success15 fifteen
サクセス15
October 2017
10
http://success.waseda-ac.net/

JN057447

CONTENTS

表紙：神奈川県立横浜緑ケ丘高等学校

9月新入塾生、受付中

基礎力・習熟度などを診断させていただきます

入塾テスト 毎週土曜日実施

［時間］14:00～ ※学年により終了時間は異なります。　［料金］2,160円

入塾テストの後は

学習カウンセリング 希望者対象 無料

入塾テストの結果をもとに中学・高校受験に精通した講師による詳しい学習カウンセリングを行います。

日曜日を使って効率的に学力アップを実現する

日曜特訓講座

中2対象 中2必勝ジュニア

『合格』を果たすには、合格に必要なレベルを知り、トップレベルの問題に対応できるだけの柔軟な思考力を養うことが何よりも重要です。さあ、中2の今だからこそトライしていこう！

［科目］英語・数学　［時間］13:30～18:45

［日程］9/10、9/24、10/1、10/29

［会場］新宿校・渋谷校・成城学園前校・西日暮里校・武蔵境校・横浜校・たまプラーザ校・南浦和校・津田沼校

対象▶特訓クラス生およびレギュラークラスの上位生。詳しくはお問い合わせください。

中3対象 中3日曜特訓

2学期の日曜特訓は入試即応の実戦的な内容になっています。また、近年の入試傾向を徹底的に分析した結果、最も出題されやすい単元をズラリとそろえています。

［科目］英語・数学　［時間］13:30～18:45

［日程］9/17、10/8、10/22

［会場］茗荷谷校・大森校・三軒茶屋校・葛西校・吉祥寺校・綱島校・新百合ヶ丘校・南浦和校・川越校・松戸校・津田沼校

※都立Vもぎ（東京都）・千葉県立Vもぎ（千葉県）実施日は開始時刻を変更する場合がございます。最寄りの校舎にお問い合わせください。

10/5（木） 県立東葛飾・県立船橋高校進学講演会

●講　演　校：東葛飾・船橋
●会　　　場：きららホール
●アクセス：船橋駅 徒歩２分／京成船橋駅 徒歩２分

10/6（金） 第1回難関都立高校進学講演会

●講　演　校：国立・国分寺・立川・八王子東
●会　　　場：立川グランドホテル
●アクセス：立川駅 徒歩２分

10/23（月） 埼玉県立トップ校【男子校・共学校の部】進学講演会

●講　演　校：浦和・大宮・春日部・川越

埼玉県立トップ校【共学校・女子校の部】進学講演会

●講　演　校：浦和第一女子・大宮・川越女子

●会　　　場：浦和コルソホール
●アクセス：浦和駅 徒歩２分

10/30（月） 第2回難関都立高校進学講演会

●講　演　校：青山・新宿・戸山・西
●会　　　場：あいおいニッセイ同和損保新宿ビル
●アクセス：新宿駅 徒歩13分／都庁前駅 徒歩８分

※詳細は早稲田アカデミーホームページにてご確認ください。
※通常、早稲田アカデミーに通われていない方もお申し込みいただけます。
※各講演会とも定員になり次第、締め切りとなりますので、お申し込みはお早めにお願いします。
※講演校は50音順に掲載しております。

お申し込みは早稲田アカデミーHPで

スマホ・パソコンで　早稲田アカデミー　検索

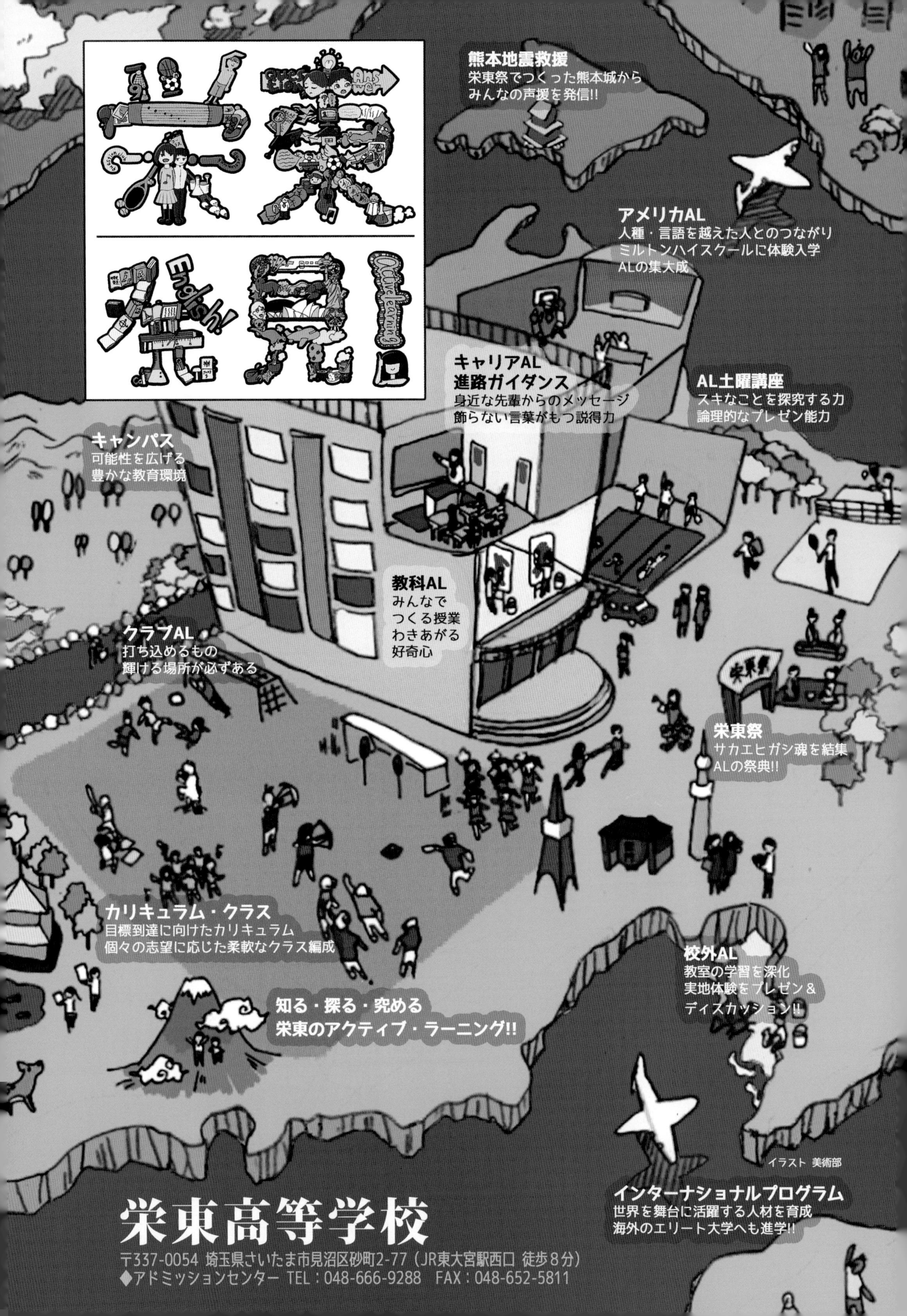

熊本地震救援
栄東祭でつくった熊本城から
みんなの声援を発信!!
アメリカAL
人種・言語を越えた人とのつながり
ミルトンハイスクールに体験入学
ALの集大成
キャリアAL
進路ガイダンス
身近な先輩からのメッセージ
飾らない言葉がもつ説得力
AL土曜講座
スキなことを探究する力
論理的なプレゼン能力
キャンパス
可能性を広げる
豊かな教育環境
教科AL
みんなで
つくる授業
わきあがる
好奇心
クラブAL
打ち込めるもの
輝ける場所が必ずある
栄東祭
サカエヒガシ魂を結集
ALの祭典!!
カリキュラム・クラス
目標到達に向けたカリキュラム
個々の志望に応じた柔軟なクラス編成
知る・探る・究める
栄東のアクティブ・ラーニング!!
校外AL
教室の学習を深化
実地体験をプレゼン＆
ディスカッション!!
イラスト 美術部
インターナショナルプログラム
世界を舞台に活躍する人材を育成
海外のエリート大学へも進学!!
栄東高等学校
〒337-0054 埼玉県さいたま市見沼区砂町2-77（JR東大宮駅西口 徒歩８分）
◆アドミッションセンター TEL：048-666-9288 FAX：048-652-5811

KANTO
INTERNATIONAL
SENIOR
HIGH SCHOOL

外国語教育のKANTO

世界と出会う
世界を考える
世界に伝える

☑ 視野の広い国際人になりたい。
☑ 英検にチャレンジしたい。
☑ 新たな外国語に挑戦したい。
☑ 世界に通用する英語力をつけたい。
☑ 海外に留学したい。

中学生対象 イベント開催のご案内

◎ 平日学校説明会
9/21(木)～12/7(木) 毎週木曜日 19:00～
※10/26、11/23、11/30は実施しません

◎ 体験授業
9/23(土) 10:00～, 11/11(土) 13:30～

◎ イングリッシュキャンプ
10/15(日) 終日 会場：勝浦キャンパス

◎ 学校説明会
10/21(土) 10:00～ / 14:00～

◎ 学園祭（個別相談のみ要予約）
10/28(土), 10/29(日) 両日受付時間 9:45～14:15

◎ クロスカルチャー 11/11(土) 9:30～

◎ 多文化フェスティバル 11/11(土) 10:00～

◎ 入試説明会
11/25(土) 10:00～ / 14:00～
12/2(土) 10:00～ / 14:00～, 12/9(土) 14:00～

※イベントは全て予約制です。ホームページよりお申し込みください。最新情報はホームページからご確認ください。

外国語科
・英語コース
・近隣語各コース
（中国語・ロシア語・韓国語・タイ語・インドネシア語・ベトナム語）

普通科
・文理コース
・日本文化コース

関東国際高等学校
〒151-0071 東京都渋谷区本町3-2-2
TEL. 03-3376-2244 FAX. 03-3376-5386
http://www.kantokokusai.ac.jp

中1～中3・小5小6（公立中学校進学予定）保護者様対象　スマホ・パソコンで簡単申込み!!　参加無料

2017早稲アカ
秋フェス

有名高校進学講演会

入試で成功するためには、ご家庭における学校選択の基準を明確にし、正しい情報を入手することが必要です。一日で多くの学校の先生方から直接お話を聞くことができる『早稲アカ秋フェス』に参加をして、お子様にあった学校を見つけてください。

9/28（木）

千葉県難関私立高校進学講演会

●講　演　校：市川・渋谷幕張・昭和秀英
●会　　　場：クロス・ウェーブ船橋
●アクセス：船橋駅 徒歩９分／京成船橋駅 徒歩７分

10/2（月）

有名大学附属高校進学講演会

●講　演　校：青山学院・ICU・法政第二・明大明治

中大系高校進学講演会

●講　演　校：中央大学・中大杉並・中大附属・中大横浜

●会　　　場：渋谷区文化総合センター大和田 さくらホール
●アクセス：渋谷駅 徒歩５分

早稲田アカデミー

2017年 私国立高校入試 合格実績

※No.1表記は2017年2月・3月当社調べ

早慶高 1459名合格　定員計約1610名　掲示板合格者発表数占有率 46%（推薦入試含まず）

開成高 73名合格　定員100名　掲示板合格者発表数占有率 40%

慶應女子高 76名合格　定員約100名　掲示板合格者発表数占有率 38%（推薦入試含まず）

当塾史上最高数更新　**筑駒高 26名合格**　定員約40名（合格者掲示板　占有率47%）

当塾史上最高数更新　**筑附高 62名合格**　定員80名（合格者掲示板　占有率41%）

当塾史上最高数更新　**お茶附高 47名合格**　定員約60名（合格者掲示板　占有率41%）

当塾史上最高数更新　**学大附高 77名合格**　定員約335名（内部進学含む）

2017年 都県立高校入試 合格実績

都立最難関 日比谷高5年連続No.1
日比谷・戸山・西
国立・八王子東高 227名合格

神奈川県立難関校
横浜翠嵐・湘南・厚木
柏陽・川和・横浜緑ヶ丘高 2016 35名 → 2017 **53名合格**

埼玉県立難関校
浦和・浦和一女・大宮
川越・川越女子・春日部高 122名合格

千葉県立難関校
県立千葉・県立船橋・県立東葛飾高 2016 68名 → 2017 **82名合格**

その他多数合格

中1・中2・中3　志望校別模試

中2
記述重視　中2男子・女子対象　特待生認定あり
開成・慶女・国立Jr.実戦オープン模試
9/23（祝）　5科・3科選択可
保護者説明会 同時開催（中1・中2生の保護者対象）　無料

中3
国立附属の一般と内部進学対応・5科　特待生認定あり　Web帳票で速報
国立附属実戦オープン模試
10/9（祝）
理社フォローアップテキストを無料配布
テスト 9：00～14：30　テスト代 5,300円

中3
本番そっくり・特別授業実施・5科　特待生認定あり　Web帳票で速報
開成実戦オープン模試
10/28（土）
開成進学 保護者説明会 同時開催
テスト 8：30～13：50　特別授業 14：00～15：30
テスト代 5,300円

中3
早慶附属高受験者の登竜門・特別授業実施・3科　特待生認定あり　Web帳票で速報
早慶実戦オープン模試
10/15（日）
早慶進学 保護者説明会 同時開催
テスト 9：00～12：15　特別授業 13：00～15：00
テスト代 5,300円

中3
記述重視・特別授業実施・3科　特待生認定あり　Web帳票で速報
慶女実戦オープン模試
10/28（土）
慶女進学 保護者説明会 同時開催
テスト 9：00～12：30　特別授業 13：00～15：30
テスト代 5,300円

中3
筑駒高校合格へ向けての課題がわかります!・5科　特待生認定あり　Web帳票で速報
筑駒実戦オープン模試
11/3（祝）
筑駒入試セミナー（生徒・保護者対象）15:00～17:30
テスト 9：00～14：45　テスト代 5,300円

中1・2
開成・国立附属・早慶附属を目指す中1・中2対象　特待生認定あり　Web帳票で速報
難関チャレンジ公開模試
12/3（日）
【5科】英・数・国・理・社　8:30～13:00
【3科】英・数・国　8:30～11:35
テスト代 4,500円

中3
課題発見。最後の早慶合格判定模試　特待生認定あり　Web帳票で速報
早慶ファイナル模試
11/25（土）
テスト 9:00～12:45　テスト代 4,500円

お問い合わせ、お申し込みは早稲田アカデミー各校舎または
カスタマーセンター **0120-97-3737** までお願いいたします。

中3対象　難関校に合格するための最高峰の環境とシステム

必勝コース

必勝5科コース
筑駒クラス・開成クラス・国立クラス

必勝3科コース
選抜クラス・早慶クラス・難関クラス

早稲田アカデミーの必勝コースはここが違う！

講師のレベルが違う！

難関校入試のエキスパート講師陣

必勝コースを担当する講師は、難関校の入試に精通したスペシャリスト達ばかりです。早稲田アカデミーの最上位クラスを長年指導している講師の中から、さらに選ばれた講師陣が授業を担当します。教え方、やる気の出させ方、科目に関する専門知識、どれを取っても負けません。講師の早稲田アカデミーと言われる所以です。

テキストのレベルが違う！

難関校の入試に対応した教材

難関私国立の最上位校は、教科書や市販の問題集レベルでは太刀打ちできません。早稲田アカデミーでは過去十数年の入試問題を徹底分析し、難関校入試突破のためのオリジナルテキストを開発しました。今年の入試問題を詳しく分析し、必要な部分にはメンテナンスをかけて、いっそう充実したテキストになっています。

生徒のレベルが違う！

やる気を引き出すハイレベルな環境

必勝コースの生徒は難関校を狙うハイレベルな層。同じ目標を持った仲間と切磋琢磨することで成績は飛躍的に伸びます。開成73名合格、慶應女子76名合格、早慶1459名合格でも明らかなように、最上位生が集う早稲田アカデミーだから可能なクラスレベルです。

早稲田アカデミー

東大百景
トーダイってドーダイ!?

Vol.19

text by ケン坊

文系or理系 あなたはどっち!?

今回はみなさんも一度は聞いたことがあるであろう「文系」「理系」に関するお話です。

そもそも文系・理系というのは、おもに大学の学部をおおざっぱに分けるための分類方法です。すべての学部がどちらかに分類されるわけではありませんが、例えば法学部や経済学部、文学部などは文系に、工学部や理学部、医学部、薬学部などは理系に分類されます。

学部が文系・理系に分かれるということは、大学受験の時点でどちらかを選ばなくてはなりません。こうした事情で多くのみなさんは、高2ごろにはどちらに進むか決めることになるでしょう。文系に進んだら国語や社会を、理系に進んだら数学や理科をおもに学ぶことになります。

「全科目やらないの？」と思うかもしれませんが、高校で勉強する内容は中学とは比べものにならないほど多く、中学のように文系科目も理系科目も同じぐらい勉強するというのはほぼ不可能に近い、ということも知っておいてください。

前置きが長くなりましたが、みなさんは文系と理系どちらに進みたいですか？　そんなこと、いきなり言われてもわかりませんよね。ですからここで一度、私といっしょに考えてみましょう。決め方は私のなかでは3段階あります。

まずは、具体的になりたい職業があるかどうか。弁護士になりたいなら文系、医者になりたいなら理系、といったように、分類がある程度決まっているので、もしなりたい職業があるならば、いまのうちにどんな科目を勉強するのか調べておいてもいいかもしれませんね。

次に、突出して好きな科目があるかどうか。例えば数学が大好きであれば大学でも理系に進めばさらに数学を楽しめるし、将来にもつながると思います。

それでも決まらなければ、最後は得意or苦手科目で考えてみるのも手です。理科がどうしても苦手だから文系にする、といったように。ただ、この決め方はおすすめしません。じつは私も理科が苦手で文系を選んだのですが、いまになって理科もおもしろそうだなと思うことがあり、少し後悔しているからです。

もちろん、いますぐ文系か理系かを決める必要はありません。でもいずれは決めることになるはずなので、このタイミングで一度考えてみるのも非常に大事だと思います。

東大トリビア

東大の「門」のハナシ

いきなりですがクイズです。本郷キャンパスに「門」はいくつあるでしょう？　正解は10対。みなさんの中学校は多くて2〜3対だと思うので、かなり多いですね。名前を並べると、赤門、池之端門、懐徳門、学士会分館前門（※）、春日門、正門、龍岡門、鉄門、西片門、弥生門となかなかかっこいいですよね。長い歴史を持つものからつい数年前にできたもの、車も通れる大きなものから歩行者専用の小さなものまで色々ですが、やはり有名なのは赤門でしょう。

赤門は名前の通り赤い門で、立派でめだつので、多くの観光客などがよく写真を撮っているのですが、ここ数年はテレビ取材のカメラがかなり増えました。最近は東大生のテレビ出演も多いからか、平日は本当にいつ見ても取材しています。私は恥ずかしいのでまだ取材を受けたことはありませんが（笑）、いつかはチラッと出演するかもしれません。

普段はなかなか門を気にすることはないと思いますが、本郷キャンパスに立ち寄った際は、ぜひとも色々な門を観察してみてください！

（※）現在、学士会分館は閉館し、跡地には伊藤国際学術研究センターが建てられていますが、東大生のなかでは昔の名残で「学士会分館前門」と呼ぶことが多いそうです。

どちらも全力！

勉強と部活動
両立のヒント

　みなさんは部活動をしていますか。もしくは高校で入りたい部はありますか。勉強はもちろん、部活動にも取り組むことで学校生活はさらに充実しますよね。でも、ついつい勉強がおろそかになったり、両立がうまくいかないという人もいるでしょう。そんなみなさんのために、勉強と部活動、どちらも全力で取り組んでいる難関高校の先輩たちにお話を伺ってきました。先輩たちの勉強方法や時間管理の仕方から両立のヒントがつかめるはずです。ぜひ参考にしてください。

神奈川県立湘南《しょうなん》高等学校

神奈川
公立
共学校

ラグビー部　恩田《おんだ》 春太郎《しゅんたろう》さん

部長
高校2年生

取材日は全体練習後に高1、高2がステップの練習に取り組んでいました

湘南のラグビー部は毎年、高3もほとんどが秋の全国高校ラグビー大会県予選まで残ります。ただ、練習メニューなどは高2主体で組む形になるので、ぼくが現在は部長です。神奈川は私立校が強いなか、昨年の全国高校ラグビー大会県予選ではベスト8に入りました。ぼくも含め、高校から始める人が多いですが、ゼロから始めた生徒たちが、身体を大きくしながら頑張っています。

部活動に打ち込むぶん 普段の授業や空き時間を活用

ぼくは朝型で、かつ通学に1時間かかるので、平日は毎朝5時半に起きています。それで、7時半前に学校に着いて、7時半から大体1時間ぐらい練習をします。ラグビー部は部として朝練が決められているわけではないのですが、ぼくはほぼ毎日やっています。

放課後は19時半には完全下校なので、それから家に帰ってご飯を食べたあと、ラグビーは身体づくりも大切なので、だいたい22時半ぐらいまでには寝ています。

勉強は基本的に家ではしないですね。だから、普段は通学の電車のなかや、ケガの治療で行く病院の待合室などの時間を使います。あとは授業をしっかり聞くこと、それにわからないことはどんどん先生に聞いています。授業中はもちろん、それ以外の時間でも。できるだけその日、その場で解決するようにしています。

文武両道のコツ　わからないことはその場でどんどん質問

定期テスト前などで平日に部活動がない日は、学校の図書館で勉強します。湘南の図書館はすごく施設が整っていて、結構多くの生徒がそこで勉強しています。ここでもわからないことがあったら周りの同級生に聞いています。みんなそれぞれ得意科目があるので、得意な人に聞けるんですよね。

土日は午前と午後のどちらかに練習があります。勉強するときは、それに合わせて時間を取って、家の近くの図書館などに行きます。

人それぞれだと思いますが、ぼくは長く集中できる方ではないので、疲れてきたな、と思ったら早めに休憩します。図書館では雑誌やマンガを読んだり、周りを散歩したりしますし、学校で勉強しているときなら身体を動かしたり。リフレッシュは大切です。

文武両道のコツ　疲れたらリフレッシュが大切

部活動と勉強の両方を頑張っていると、片方で疲れたりつぶれそうになったときに、もう1つの場所があって、そこで息をつけることもあります。それに、両方ともやっているからこそ、同じように頑張っている周りの友だちと自然と高めあえる関係にもなりますよ。

神奈川県立湘南《しょうなん》高等学校

神奈川
公立
共学校

合唱部　松本《まつもと》 直樹《なおき》さん

部長
高校２年生

合唱練習の様子。取材日は大会の前日で、熱気が伝わってきました

合唱部は昨年度（２０１６年度）に70周年を迎えました。顧問の岩本達明先生は全国的にも有名な合唱の指揮者で、深いところまで音楽を追究できる魅力があります。高３は６月の文化祭で仮引退となるのですが、夏の大会にも出るので部活動は続けます。８月19日の県合唱コンクールで代表校の１つに選ばれ、９月の関東合唱コンクールに出場することになりました。

部活動で得た経験が勉強にも活きている

平日は毎日６時半に起床して、学校には８時20分ごろ到着、40分まで予習などをします。少しでもやっておくと、その日の授業がわかりやすくなるからです。

部活動がない日の放課後は、家の最寄りの図書館で勉強することが多いです。帰宅したら、22時から１時間ぐらいはその日の復習にあてています。部活動がある日は、帰宅前に１時間半ぐらい図書館に寄ります。家で勉強はしませんが、寝る前に英単語などの暗記を簡単にやります。暗記ものは、それ以外では朝の通学時に電車でやることが多いです。

休日も、部活動の時間帯によって、図書館で勉強する時間や家でやる時間が変わってきます。平日も休日も就寝時間はいつも大体23時半ぐらいですね。

両立は、最初はきついと思っても、やっていくうちにできるようになるので、最初は少し我慢するのがコツかもしれません。また、自分の体調次第で、例えば勉強の合間に眠たくなったら30分ぐらい寝たりという柔軟さはあってもいいと思います。

毎日の勉強では、ある程度目標を決めますが、これも無理のない感じで立てています。

文武両道のコツ
両立は我慢すると慣れてくる
毎日の勉強の目標は無理のない形で立てる

気分転換も大切です。ぼくは寝る以外にギターを弾いたり音楽を聞いたりします。とくに時間は決めていませんが、大体30分ぐらい。気が済むまでやって、勉強に戻ります。

両立していて身についたのは、時間の使い方と人に頼ることです。合唱部では、部内でそれぞれ得意な分野の人がいて、その分野については得意な人に聞く、ということを学びました。それが勉強にも活きています。中学ではわからないことは自分で時間をかけて考えていましたが、高校では恥ずかしがらずに人に聞くようになりました。

そうすることで、自分で無理に考えるよりも、教えてもらった方がスッと落とし込めることもあるということがわかったからです。

文武両道のコツ
わからないことは積極的にわかる人に聞く

中《ちゅう》央《おう》大《だい》学《がく》附《ふ》属《ぞく》高等学校

東京
私立
共学校

ソングリーディング部　中《なか》山《やま》 結《ゆ》衣《い》さん

部長
高校３年生

ポンポンを持ってチアリーディングをする部です。活動日は月・火・水・金・土で、筋トレや技の練習をします。朝と昼休みにも練習があって、朝練と昼練は木曜にも行います。今年の３月には、アメリカで行われた大会に出場してポン（ポンポン）部門で世界４位になりました。演技が終わって、「頑張ったね」ってみんなで抱き合う瞬間が一番好きです。

ポンポンを持って演技を練習する様子
（写真：中央大学附属高等学校提供）

時間がなくても工夫して勉強
両立で集中力と根性が身につく

部の練習が多いので、体力的にきついときもありますが、妥協してしまうと部全体の演技の質を下げてしまうことになるので、練習にはいつも集中して取り組んでいます。

また、部のルールで、テストの成績が悪いとその人は活動停止になるため、勉強とも両立させています。

授業は集中して受け、先生の言葉もメモします。なかでも国語はつねにメモをとっていてノートを見直すことがテスト対策になるほどです。

部活動がある日はあまり時間がとれないので、短時間でも多くの問題をこなせる得意科目（数学）に取り組むことが多いです。解けなかった問題は、次の日もう一度やってみたり先生に質問するなど、すぐ解決するようにしています。課題がある場合は、どれから取り組むか事前に考えて計画的に進めています。

文武両道のコツ

- **授業は真剣に聞きメモをとる**
- **わからないことはすぐに解決**
- **計画を立ててから勉強を始める**

寝る前は暗記をすることもあります。基本的に声に出しながら書いて覚えますが、工夫しているのは新しいものを覚えたら、以前暗記したものを再度確認することです。毎回最初に戻ることで、それまでに覚えたものを忘れないようにしています。

テストが近づくと中間は10日前、期末は14日前から放課後の練習がなくなり、７日前には朝練が自由参加になります。朝練をしないときも、いつもと同じ時間に起きて学校に行き、自習室で自習します。放課後は地元の図書館で勉強します。

文武両道のコツ

朝練がなくても起きる時間は変えない

練習がない日曜は、家で身体を休めたり図書館に行ったりします。図書館では一日中勉強しますが、いつの間にか時間が経っています。両立しているからこそ、集中力、そして根性が身についたんだと思います。

両立は大変ですが、勉強はしなければいけないことですし部活動は好きなので続けられます。つらくても頑張るには、なりたい自分をイメージし、目標を明確にするといいと思います。努力を認めてくれる母や先生の存在も私の支えです。

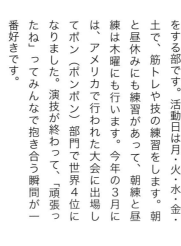

埼玉県立浦和第一女子《うらわだいいちじょし》高等学校

埼玉
公立
女子校

バスケットボール部　眞尾《ましお》　瞳《ひとみ》さん　高校3年生

浦和第一女子のバスケットボール部は、平日は月曜日以外毎日練習があり、自主参加できる朝練、昼練もあります。土日も練習や、練習試合が組まれています。練習はきついですが、試合で勝てたときや、いいプレーができたときはすごく嬉しいので楽しかったです。先輩と後輩の仲がとてもいいのも特徴です。今年のインターハイ県予選では、ベスト16という結果を出せました。

昨年度埼玉県高校バスケ新人大会で活躍する眞尾さん
（写真：本人提供）

部活動後は図書館で勉強　予習・復習は毎日取り組む

部活動は7月に引退しましたが、副部長を務めました。平日は月曜日以外、16時半～19時まで練習。朝練と昼練は毎日ありました。休日はおもに13時～17時まで練習です。部活動のない月曜日は、学校が終わったら塾に行き、帰宅後も就寝前に2時間勉強して、予習・復習をしていました。高校の英語や古文の授業は予習を前提に進められるので、必ず取り組んでいます。また、宿題は学校の休み時間中に終わらせています。

文武両道のコツ
宿題は休み時間にやる　予習復習は毎日取り組む

部活動のある日は、終わったあとに図書館へ行き、2時間半ほど勉強していました。あえて図書館で勉強することで集中を促していました。

文武両道のコツ
部活動のあとは図書館で集中！

午後に部活動がある土日には、午前中に1時間くらい、1週間の復習をしていました。部活動後は家で2時間半ほど勉強。ここではおもに翌週の予習をします。テスト前などで部活動がない休日には、家か図書館でほぼ一日中勉強していました。

私は中学でもバスケットボール部で、そのころはクラブチームにも所属し、いまよりもバスケットボールに時間を割いていました。中学校では授業に集中し、授業中に勉強内容を覚えるようにしていました。

勉強と部活動の両立は大変ですが、集中力や体力が育まれると実感しているので、メリットも多いと思います。部活動をやりたいのなら私立の強豪校に進学してもいいのに、自分の意志で勉強に力を入れている公立の浦和第一女子を選んだので、勉強と部活動を両立させなければならないことは自覚していました。「部活動がない子はその間に勉強している」と思うと、「自分もやらなきゃ！」とモチベーションをあげられたので、その点でも部活動をやっていてよかったと思います。

「部活動を頑張れたら勉強も頑張れるし、勉強を頑張れたら部活動も頑張れる」とよく先生に言われました。みなさんも文武両道を目標に頑張ってください。

文武両道のコツ
部活動を頑張ることで勉強への意欲もUP！

教えて！ 先輩のスケジュール

平日の場合

高校生の先輩たちが、実際にどんな生活で勉強と部活動を両立しているのか、それぞれのタイムスケジュールをご紹介します。みなさんの工夫が見られる部分はⓅマークをつけて解説しています。まずは平日の様子を見てみましょう。

神奈川県立湘南高等学校　ラグビー部

恩田《おんだ》 春《しゅん》太郎《たろう》さんの場合

Ⓟ 朝と夕方の通学時間や、その日の授業が始まる前、部活動がない日の通院時の待ち時間（ケガの治療などで病院に行く日がある）を勉強時間にあてています。また、部活動がなく、病院に行かない日は、放課後に学校の図書館で勉強しています。できるだけ学校などにいる時間で勉強をして、家では身体を休ませるようにしています。

部活動のある日

	5:30 起床	6:30	7:30	8:30	16:00	18:00	19:30	21:00	23:00 就寝
睡眠	食事など	Ⓟ 移動	朝練	授業	部活動		Ⓟ 移動	食事など	睡眠

部活動のない日

	6:30 起床	7:30	8:30	16:00	19:30	21:00	23:00 就寝
睡眠	食事など	Ⓟ 移動	授業	Ⓟ 勉強、または病院	Ⓟ 移動	食事など	睡眠

中央大学附属高等学校　ソングリーディング部

中山《なかやま》 結《ゆ》衣《い》さんの場合

Ⓟ 定期テストでは、課題図書に関する出題があるので、通学で乗る電車のなかではその本を読んでいます。テスト前で朝練をしないときも起きる時間は変えずに、その時間を自習室での勉強にあてています。睡眠時間はきちんと確保したいので、やらなければいけない勉強は、事前に計画を立てて必ず終わらせ、23時には寝ます。

部活動のある日

	5:30 起床	6:30	7:30	8:30	12:35	13:15	15:30	18:00	19:00	20:30	22:00	23:00 就寝
睡眠	食事など	Ⓟ 移動	朝練	授業	昼練	授業	部活動	移動	食事など	Ⓟ 勉強	部活動の反省と練習メニュー作り	睡眠

部活動のない日

	5:30 起床	6:30	7:30	8:30	12:35	13:15	15:30	16:30	19:00	22:00	23:00 就寝
睡眠	食事など	Ⓟ 移動	Ⓟ 勉強	授業	昼練	授業	移動	勉強	食事・自由時間	Ⓟ 勉強	睡眠

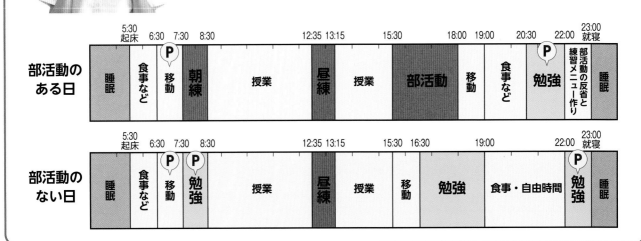

教えて！ 先輩のスケジュール

休日の場合

続いて、休日のスケジュールをご紹介します。先輩たちのスケジュールでは、休日でも必ず勉強に取り組むようにしていることがわかります。先輩たちの生活を参考にして、自分の生活と比較してみるのもいいですね。

神奈川県立湘南高等学校　合唱部

松《まつ》本《もと》 直《なお》樹《き》さんの場合

P 部活動が午前中で終わるときは15時から3時間ぐらい図書館で勉強して、夜に家で2時間ぐらい。朝から夕方まで練習があるときは、図書館には行きませんが、夜に同じように勉強の時間をとっています。ここにある部活動がない日のスケジュールは定期テスト前です。夜の勉強は基本的に授業の復習をしています。

部活動のある日

時刻	内容
	睡眠
6:30 起床	食事など
8:00	移動
9:00	部活動
12:00	食事
13:00	移動
14:00	自由時間
15:00	P 勉強
18:00	食事・自由時間
21:00	P 勉強
23:30 就寝	睡眠

部活動のない日

時刻	内容
	睡眠
7:30 起床	食事など
9:00	勉強
12:30	食事・自由時間
15:00	勉強
19:00	食事・自由時間
21:00	P 勉強
23:30 就寝	睡眠

埼玉県立浦和第一女子高等学校　バスケットボール部

眞《まし》尾《お》 瞳《ひとみ》さんの場合

P 午後の部活動の前に1時間ほど勉強時間を作っていました。部活動のあとも勉強に取り組み、翌週の予習などをやります。

テスト前など、休日に部活動がない日は図書館か家でずっと勉強です。暗記の勉強ばかりを続けると飽きるので、そういうときは好きな理数科目の計算問題に取り組むなど、勉強内容に変化をつけています。

部活動のある日

時刻	内容
	睡眠
8:00 起床	食事など
10:00	P 勉強
11:15	移動
12:10	部活動の準備
13:00	部活動
17:00	移動
17:55	食事・入浴・TV
20:00	P 勉強
22:30 就寝	睡眠

部活動のない日

時刻	内容
	睡眠
9:00 起床	食事・移動
10:00	P 勉強
13:00	食事
14:00	P 勉強
17:00	移動・犬の散歩・食事・入浴・TVなど
20:00	勉強
24:00 就寝	

佼成女子で世界が変わる。
自分自身の価値観を打ち破り世界を感化する力を手に入れる
学校説明会
10月15日(日) 14：00～15：30
11月 5 日(日) 14：00～15：30
11月26日(日) 14：00～15：30
12月 2 日(土) 14：00～15：30
留学コース・スーパーグローバルクラス説明会
10月28日(土) 14：00～15：30
入試相談会
12月 6 日(水) 12月11日(月)
12月 8 日(金) 12月13日(水)
各16：00～19：00
乙女祭(学園祭)
9 月23日(土) 12：00～16：00
9 月24日(日) 9：30～15：00
※入試相談コーナー有り
佼成学園女子高等学校
東京都世田谷区給田2-1-1 ☎03-3300-2351 http://www.girls.kosei.ac.jp/
【アクセス】京王線「千歳烏山駅」徒歩6分 小田急線「千歳船橋駅」から京王バス15分「南水無」下車

＼歴史を解き明かす／

「考古学」ってこんなにおもしろい！

みなさんも一度は「考古学」という言葉を耳にしたことがあるでしょう。
でも実際にどんな学問なのかは、知らない人が多いのでは？
今回は、神奈川県内のさまざまな遺跡の調査に携わっている
公益財団法人かながわ考古学財団の栗原伸好さんと宮坂淳一さんに、
遺跡を案内していただきながら、考古学に関する色々なお話を伺ってきました。
これを読めば、歴史の勉強がいま以上に楽しくなるかもしれませんよ。

柳《やな》川《がわ》竹上《たけのうえ》遺跡（神奈川県秦野市）で発掘された土器と石器（画像提供：かながわ考古学財団）

お話を伺ったお2人

調査研究部
企画調整課 課長
栗原伸好《くりはらのぶよし》さん

調査研究部
調査課 主幹
宮坂淳一《みやさかじゅんいち》さん

土の様子を頼りに昔の人の生活を知る

考古学とは「土に残された痕跡を手がかりに、人類の歴史を明らかにする学問」で、発掘調査や出土品整理作業を通して、人々の生活をひも解いていきます。「人々の生活の痕跡を調査するので、対象となるのは人類誕生後から現代までです。私は大学受験の直前まで、考古学は恐竜の研究ができると勘違いしていて（笑）。みなさんにはまずこの違いを知ってほしいです」と栗原さん。

取材で伺った京急線花月園前駅付近の「生麦《なまむぎ》八幡《はちまん》前《まえ》遺跡」では、該当地域のマンションと防災公園の建設に伴い、事前の発掘調査が行われていました。各都道府県では遺跡分布図というものが作られており、遺跡がある土地で工事を行う前には、発掘調査をする必要があります。日本ではこうした工事に伴う「緊急発掘調査」が、学問上の謎を解明するための「学術発掘調査」に比べ圧倒的に多く実施されています。

では、生麦八幡前遺跡を例に、発掘調査について見ていきましょう。まずは調査範囲の表面の土を遺物や遺構（※1）が埋まっている深さまで重機などを使って掘り下げます。

（※1）「遺物」は土器や陶磁器など当時使われていた道具、「遺構」は住居跡など人々が地面に残した生活の痕跡、これらが確認されたまとまった範囲を「遺跡」といいます。

一定の深さまで土を掘り下げたあとは、人の手で慎重に掘り進めていきます。そして、周りと比べて異なる土が発見されると、そこに遺構が存在していることがわかります。

「昔の人の住居は半地下式のもので、住居が使われなくなったあとには、そこに土が積もっていきます。時代によって堆積する土の種類が違うので、土を調べると、どの時代の住居跡かがわかります。発掘調査では土がカギになるんです。

ただ、日本の土の多くは酸性で、木や葉、骨などを溶かしてしまう性

生麦八幡前遺跡での発掘調査の様子

☜★の部分が埋甕の跡です。埋甕は縄文時代、住居の入り口付近に埋められていました。

☜黄色い矢印が示す４つの大きな穴が柱の跡、中央の赤い丸で囲んだ部分が炉の跡です。炉があったところは土が火で燃えているため、周囲の土より赤くなっているのがわかるでしょうか。

☜奥の作業員が操作する機械（トータルステーション）から光を発射し、手前の作業員が持つポールにあてると距離などが瞬時にわかります。測定結果は横のパソコンに随時送られるのも便利です。

☝矢印の部分が「ベルト」です。発掘調査をしない日は、これらの遺構の上にブルーシートをひいて、土の乾燥を防いでいます。（画像提供：かながわ考古学財団）

質を持っています。博物館の展示品に土器や石器はあっても、木や葉はあまりないのはそうした理由です。でも貝塚からは結構色々なものが出てきます。貝はアルカリ性で酸性の土を中和する働きがあるため、貝といっしょに埋まったものはそのまま残っているんです。」（栗原さん）

「【写真A】は縄文時代の竪穴住居の跡です。４つの大きな穴が柱、真ん中が炉の跡です。そして、奥の方に埋《うめ》甕《がめ》（※２）の跡が見えるので、そこが入り口だったのでしょう。

この遺跡では、いまは掘削作業が終わり、図面を作るための記録作業【写真B】をしています。トータルステーション（※３）という機械を使い、平面図を作成します。【写真C】も縄文時代の住居跡です。ここでは『ベルト』と呼ばれる土の帯をあえて残し、土の堆積の仕方を観察することで、どうやって住居が埋まっていったかを調査しています。」（宮坂さん）

（※２）縄文時代は住居の入り口付近の地面に穴を掘って埋甕を埋める風習があったとされています。

（※３）目標点に光を当て、その光が反射する時間で目標点までの距離や角度を測ることができる機械。

お２人が学生のころは、こうした測量もすべて手作業だったそうで、「ずいぶんハイテクになった」と話されます。しかし、現在も深さの測定は手で方眼紙に書き込む方式をとっており、機械と人の手を併用することで、より正確な図面を完成させています。最後に遺構の写真を撮影すると、発掘調査は終了です。

調査中に出てきた遺物は、丁寧に泥を洗い落としたあと、破片を１つひとつ見比べながら復元していきます。バラバラの破片から土器を復元していくさまは、まるで立体のジグソーパズルのよう。かなり根気のいる作業です。そして、遺物も遺構同様、図面作成、写真撮影などを行い、遺構と遺物の様子をまとめた報告書を作ります。これを出土品整理作業といいます。

「『考古学』と聞くと発掘調査がすべてだと思われがちですが、調査したことをまとめる作業こそが一番重要なんです」と栗原さんが話せば、宮坂さんも「調査した成果を報告書として世に出すことで、初めて結果が出たといえます。調査をしただけでは、単に遺跡を壊しただけになってしまいます。報告書をさまざまな方に活用してもらうこと、歴史を後

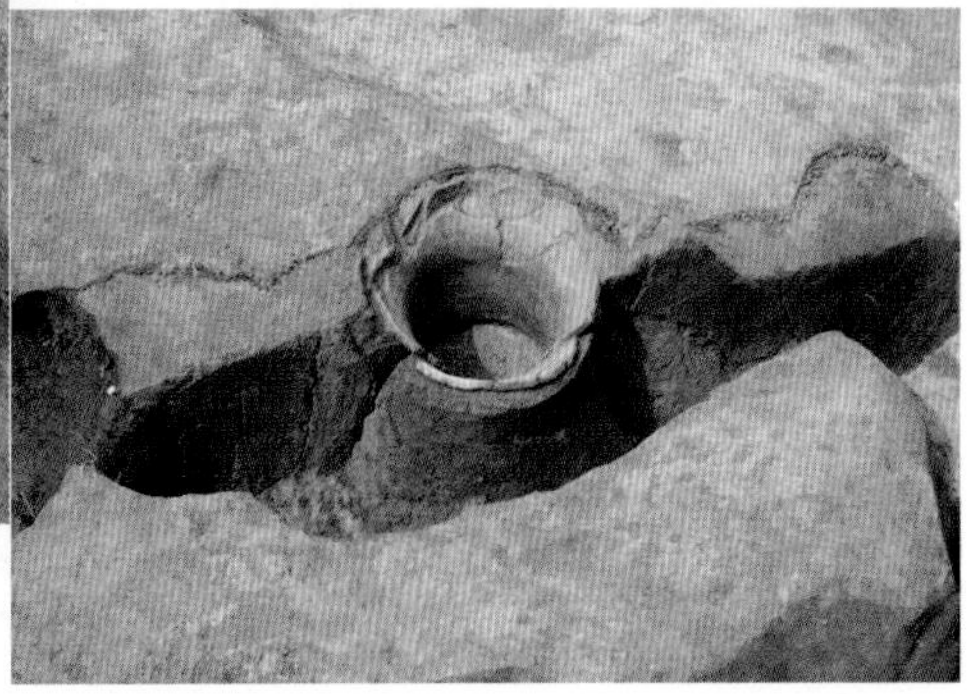

生麦八幡前遺跡で見つかった遺物です。ある程度形が残ったまま発見されたもの、バラバラの状態で発見されたものなどさまざまです。ちなみに右は縄文時代の遺物、左は弥生時代の遺物です。壊れてバラバラの状態の遺物も、出土品等整理作業により１ページ目に載せた土器のように元の状態に復元していきます。
（画像提供：かながわ考古学財団）

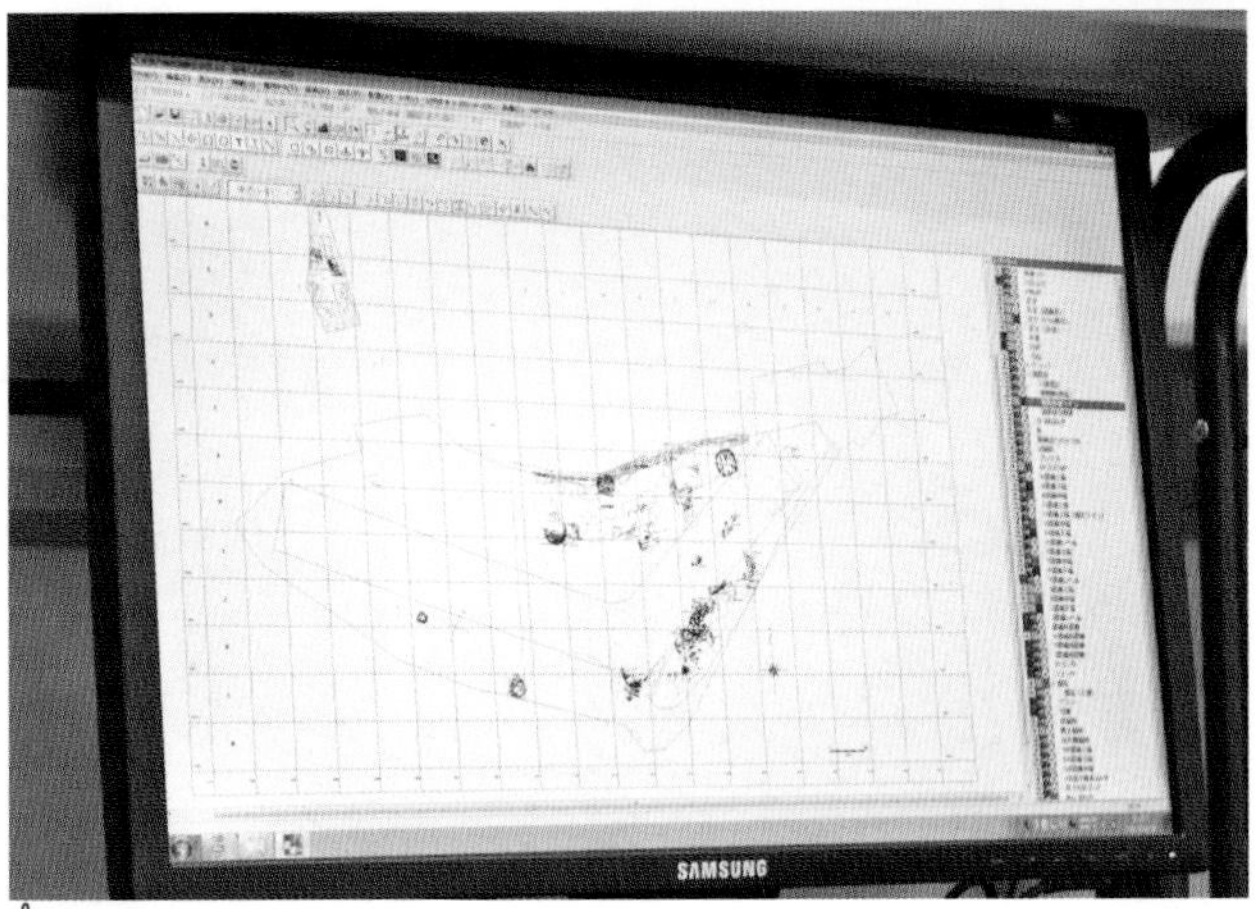

生麦八幡前遺跡の事務所にあるパソコンです。右ページで紹介した測定作業の結果をふまえて、パソコンで遺跡の図面を作成していきます。こうした作業も「考古学」の一環です。

世に残すことが我々の使命なのです」と説明されます。なお目安として、発掘調査と整理作業にかかる期間はほぼ同じくらいになります。

まるで宝探し!? 発掘調査の魅力とは

じつは遺跡の見学中に、雨が降ってきました。雨が降ると作業を中断しなくてはならないため、「こういう日が一番困るんです」とお２人。ほかにも気温が高い日は熱中症に気をつけなければならないなど、発掘調査は気候に左右されるのが難点だそうです。

また、これまで見たことがないものが出てきたときの対応も難しいといいます。別の職員に聞いてわかることもありますが、それでもわからなければ自分で勉強して解明していかなければなりません。

一方、考古学の魅力について伺うと、宮坂さんは「発掘をしてなにかが出てきたときはやはり嬉しいですし、いっしょに調査をしている人たちは歴史好きな人ばかりなので、彼らと発見の喜びを共有できるのも楽しいです。まるで宝探しをしている気分になります」と話されます。

栗原さんは以前、同僚と整理作業中に、２㎞離れた場所で見つかった約2万年前の石器同士が接合することに気づきました。本来1つの石を当時の人が石器に加工し、必要なぶんだけ持ち出し、移動生活をしていたことが証明されたそうです。

「こうした発掘後の思いがけない発見も嬉しい瞬間です。また、文献史学（文字による記録から歴史を研究する学問）だと対象者、例えば織田信長というヒーローの歴史を見ていきますが、考古学は庶民の生活をたどりながら当時の社会を復元していくので主人公がいません。そこも醍醐味だと感じます。」（栗原さん）

こうしてお話を聞いていると、考古学は文系の学問のようですが、そうとは言いきれません。例えば図面の作成にはパソコンを使いますし、年代を分析する作業は理系分野の知識が必要になります。

そのことをふまえてお2人は「文系、理系にこだわらず、幅広い分野に興味を持ってほしいと思います。勉強にしても、歴史だけではなく、そのほかの教科も大切にしてください」と語られます。

さて、この特集を読んで、実際に遺跡を見てみたいと思った人はいませんか？　かながわ考古学財団では、神奈川県内各地域の発掘調査の様子を公開する見学会や、発掘体験プログラムなどを開催しています。「生麦八幡前遺跡」の見学会では、1日になんと約５６０人（午前の部と午後の部の合計）もの人が来場しました。

さらに同財団のホームページ（http://www.kaf.or.jp/）では、半年に1回、最新の調査結果を報告するために発行される『発掘帖』というコラムをはじめ、さまざまな資料を掲載しています。考古学についてもっと詳しく知りたいと思った人はぜひ読んでみてください。

ここに、君が育ち、伸びる高校生活がある。

わたしたちの学校は、勉強に、行事に、そして部活動にも燃える、活気と充実感のある高校です。
「特進」・「コース制」を採用せず、全員に総合的学力と進学学力をつけることをめざしています。

学校説明会

9/16(土)　9/23(祝)　10/ 8(日)＊文化祭当日10:00～　10/ 9(祝)＊文化祭当日10:00～
10/21(土)　10/29(日)　11/ 4(土)　11/ 5(日)
11/11(土)　11/12(日)　11/18(土)　11/19(日)
11/25(土)　11/26(日)　12/ 2(土)　12/ 3(日)
12/ 9(土)　12/10(日)　1/13(土)　1/27(土)
2/ 3(土)　◆ 14:00開始　◆ 申し込みが必要です。

学院祭（文化祭）

10/ 8(日)・10/ 9(祝)
9:30～16:00

◆学院祭当日も学校説明会を実施します
10:00 開会
◆申し込みが必要です

■2017年3月・卒業生進路状況

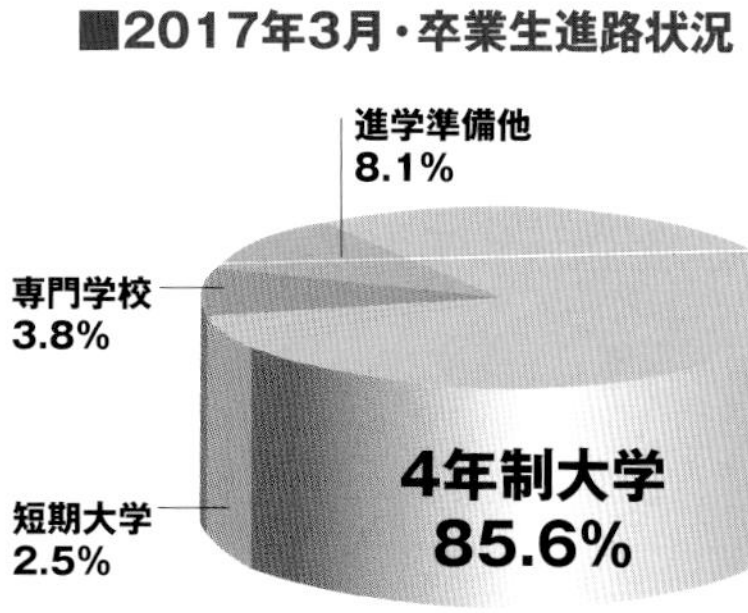

※「申し込み」は個人でお電話か、HPの「お問い合わせフォーム」よりお申し込み下さい。

正則高等学校

●申し込み・お問い合わせ 03-3431-0913 ●所在地：東京都港区芝公園3-1-36
http://www.seisoku.ed.jp

▶日比谷線・神谷町
▶三 田 線・御成門
いずれも徒歩５分
▶浅 草 線・大　門
▶大江戸線・赤羽橋
いずれも徒歩10分
▶南 北 線・六本木一丁目
▶Ｊ　　Ｒ・浜松町
いずれも徒歩15分

ShapeScale

search

教えてマナビー先生!

3Dセンサーが身体のまわりをグルリと回って計測

世界の先端技術

▶マナビー先生 プロフィール

日本の某大学院を卒業後、海外で研究者として働いていたが、和食が恋しくなり帰国。しかし科学に関する本を読んでいると食事をすることすら忘れてしまうという、自他ともに認める“科学オタク”。

体重だけではなく体形の変化も見やすく知らせてくれる体重計

まだ中学生の君たちには関係ないかもしれないけれど、世の中には、ダイエットに精を出している人は、意外と多いんだ。メタボリック症候群といって、実際に体重を減らさなければ病気になる確率が高まる、とお医者さんから減量を指示されている人もいるよ。「毎朝、体重を計りなさい」っていうわけだ。

でも、体重計で体重を計ることが好きな人っているのかな。嫌いな人の方が多いんじゃないだろうか。体重を減らしたいと思って、運動もしているけれど、体重はなかなか減ってくれないからねぇ。

今回紹介するのは、自分の身体のことをもっとよく知り、理想の身体に近づけたいと思っている人のための体重計「ShapeScale（シェイプスケール）」だ。

この体重計は、身体の重さを計るだけだった、これまでの体重計のイメージをガラリと変えるものだ。

体重を計る台座から棒のように飛び出した３Dセンサー**【写真後方】**が身体の周囲を回転することで、身体全体の写真や、凸凹の状態を計測してくれるんだ。

体重が減らないなぁと思っていても、身体はいつも変化している。腹筋が増え、腕の筋肉、肩の筋肉が変化しているときもある。ShapeScaleは、体重の変化という数字情報だけでなく、体形変化も可視化し、画像としてスマートフォンに送ってくれる。

変化の状態が見えれば、さらに運動を続ける気にもなるよね。

ShapeScaleでは、現時点での身体の情報だけでなく、時間とともに変化してきた様子も見ることができるから、例えば筋肉がついてきた経過や、お腹のぜい肉が取れて、筋肉が割れていく様子も確認できる。

３Dで表示される画像では、どの位置が変化したかを色づけして表示してくれる機能もある。増えた部分や減った部分が強調されるんだ。

それだけではない。最終的になりたい身体の状態を設定しておけば、いまの状態と目的の状態との差を表示してくれる機能もある。

自分の身体の変化をしっかりととらえ、目的に達するためにはどんなトレーニングをすれば効果的なのかも教えてくれる。

その結果もすぐにわかるので、トレーニングを、より効果的なものに切り替えることも簡単にできる。

体重計に乗って、体重が変わらない、こんなダイエットをやっていても仕方ない、とやめてしまう人に、「変わっているよ、頑張れ！」と言ってくれる道具なんだね。

希望の身体になったあと、前の自分の写真を見ると、元に戻らないためにどうしたらいいかも考えるから、リバウンドの防止にもなるっていうわけだ。

『特進コース』圧倒的な学習時間

帝京《ていきょう》高等学校

帝京高等学校〈共学校〉
http://www.teikyo.ed.jp
東京都板橋区稲荷台27-1
TEL.03-3963-4711

＜学校説明会＞
10月14日 土 13：30～
10月29日 日 10：30～
11月11日 土 13：30～
11月19日 日 10：30～
11月25日 土 13：30～
12月 2日 土 13：30～

学力を伸ばすためには質より量

以前、大手予備校の先生から「1年間の授業を通して、センター試験の英語が平均で44点も伸びたんです。これは画期的なことだと思いませんか」と伺ったことがありますが、帝京高校の特進コースは実はこれよりももっと伸びています。

センター試験当日に、真剣勝負で受験生とまったく同じ問題に挑戦するのが同日受験体験です。2年生でそれを行った時の英語の平均点は87・9点。それが1年後のセンター試験本番では平均156・5点。1年間で68・6点も伸びている、いや伸ばしているのです。では、なぜここまで伸びているのでしょうか?

教務部長の生田義典先生に伺ったところ、「答は単純です。それだけ勉強をやっているからです。勉強は量より質だという考え方があります。質のよい勉強をすれば、短時間でも効果的に学力を高めることができると考えている人は多いと思います。けれども本当にそうでしょうか?

私たちは違うと思います。学力をつけるためには、まず質より量です。量をやることによって初めて質は高められるのです。どれだけ英文を読んだのか。どれだけ問題を解いたのか。どれだけ英単語帳を手あかで汚したのか。どれだけ反復を繰り返したのか。それが学力を決めます」と語って頂きました。

グラフA▶センター英語の得点推移

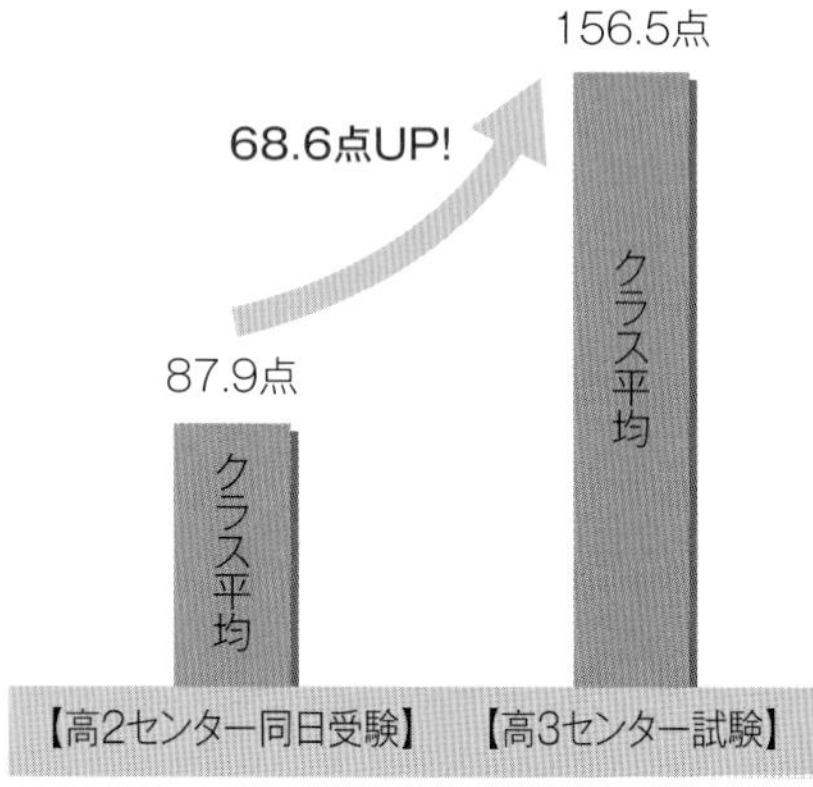

チーム特進

帝京高校の特進コースでは、いやというほど授業を行います。こなせないほどの課題を出します。しつこいほどテストを繰り返します。まさに3年間、勉強漬けの日々が続きます。中には「もういやだ」という生徒も出ます。けれども途中で投げ出す生徒はいません。

特進コースの教員は生徒の模試のデータを徹底的に分析します。どこが伸びているのか、どこを苦手にしているのか、そしてそれを授業に反映させます。手間暇のかかる作業です。遅くまで学校に残り、生徒の質問に対応し、個別指導を行っています。そんな姿を生徒も見ているのでしょう。特進コースの生徒たちは、自分も、仲間も、教員も、すべてひっくるめて「チーム特進」だと思っているようです。共に頑張っている仲間がいる、自分のために頑張っている先生がいる。「チーム」一丸となって目標達成にむけて努力する。だから、特進コースの生徒は途中で勉強を投げ出したりしないのです。

二期生大躍進

生田先生は、「大学入試は学力の高い生徒を選抜するためのものです。学力の高さは生まれつきの才能ではなく、トレーニング次第で必ず伸びるものなのです。私たちが生徒の学力を伸ばしてみせます」と力強く語ってくれました。進路実績に裏打ちされた自信が、言葉の端々から感じられます。

実際、特進コースを開設して４年、一期生からすでに早慶上智トリプル合格の生徒が出ており、今年（２０１７年）の合格実績にはさらに目覚ましいものがあります。もちろん全員というわけではありません。医学部を目指して現役合格をかなえることができず、来年に再チャレンジする生徒もいたようです。しかし、ＧＭＡＲＣＨ以上の人文・社会・自然科学系学部学科を第一志望とした生徒については、92％が現役での合格を勝ち取っています。一握りの生徒だけが成果を挙げているわけではないのです。それも高校入学当初に目標としていたより、はるか上をいく大学に合格している生徒も多いのです。

生田先生はある生徒（Ａ君）のことを話してくれました。その生徒は今年、慶應義塾大学総合政策学部に合格しました。目標偏差値は70の最難関校です。この生徒の１年次の英数国総合偏差値は47・8しかなかったそうです。中堅校を狙ったとしても合格はおぼつかない数字です。それが最難関校に合格できるまでに伸びている、それはこの生徒に限ったことではないということです。

充実した特待生制度

帝京高校の特進コースには独自の特待生制度があり、５科の５段階評価の合計が23以上の生徒については、特待生として認められた上で、他校との併願受験ができるようになっています。

「毎年、都立校では新宿、三田、竹早、埼玉県立校では浦和西、蕨、川口北などを受験する生徒がこの制度を活用してくれています。最後まで第一志望校に合格するための努力を継続し、もしそれがかなわなかったら特待生として特進コースの仲間に加わってほしい。伸びたい、伸ばしてほしいという気持ちがある生徒が新たな仲間として加わってくれることを私たちは切に望んでいます」と生田先生は語ってくれました。

グラフＢ▶成績上位生の偏差値推移

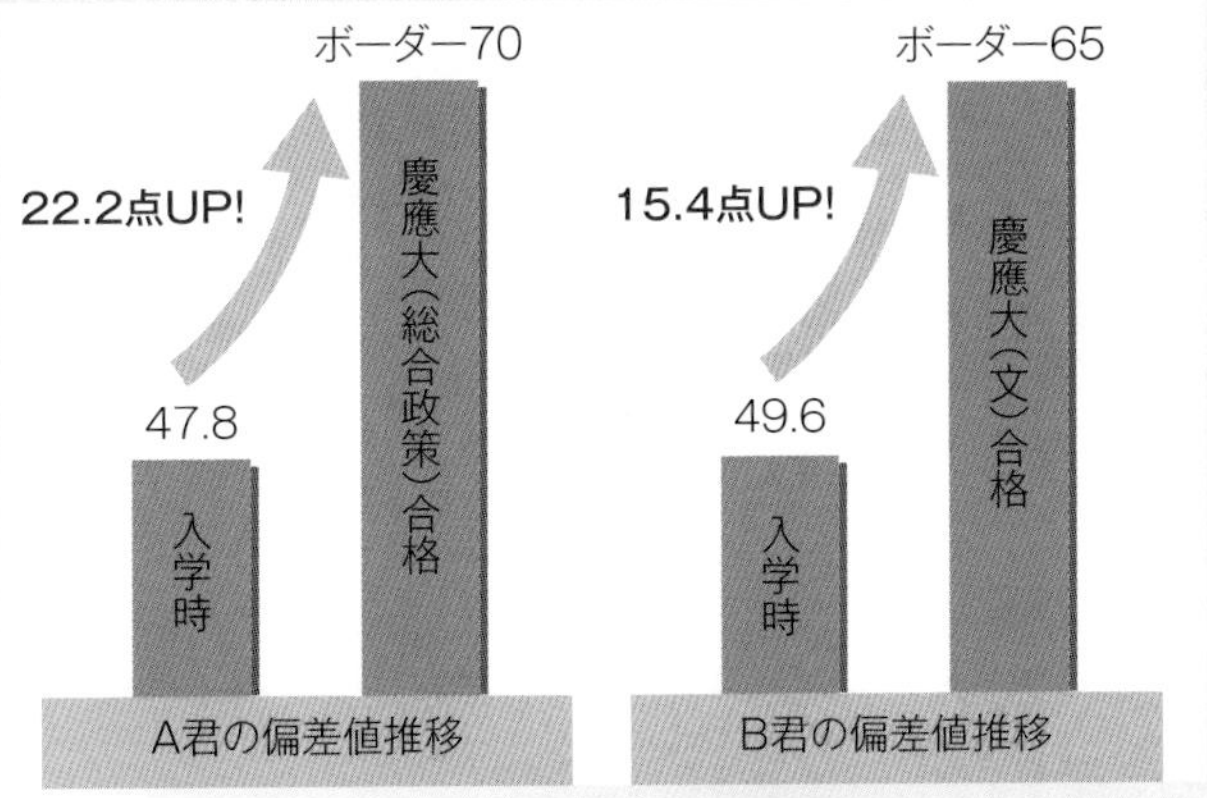

▶2017年特進コース大学合格実績

国公立	3	千葉大（１）電気通信大（１） お茶の水女子大（１）
早慶上理	5	慶應義塾大（２）上智大（１）東京理科大（２）
GMARCH	17	学習院大（２）明治大（４）青山学院大（２） 立教大（２）中央大（４）法政大（３）
関関同立	1	立命館大（１）

※平成28年度卒業生23名のうち、医、薬、看護などの医療系と体育系志望を除く14名の生徒による。

■平成29年度入試 特待資格生徒

受験生のうち 80%が 特待資格を 得ました！

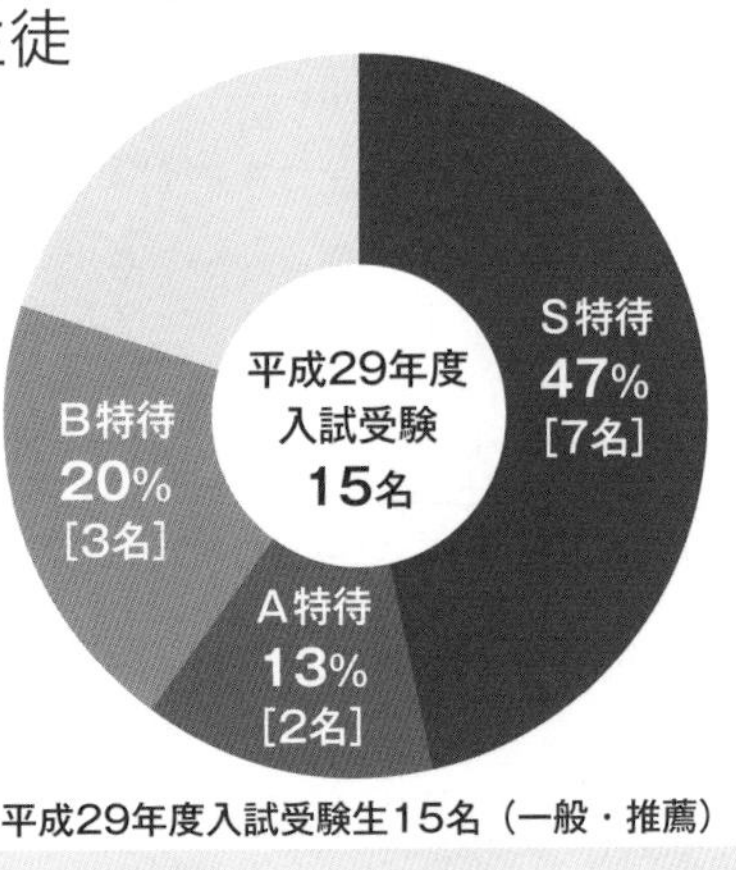

平成29年度入試受験生15名（一般・推薦）

特待生制度

●特進コースを対象にした特待生制度には、次のような特徴があります。

①人数制限を設けていません。
それぞれの成績基準に達したすべての生徒に適用されます。

②S特待以外は中学校の成績で判断します。
入試成績によって、さらに上位の特待生になることもできます。

B特待	中学３年の１学期または２学期の成績で判断します 授業料免除、入学金の半額を免除
A特待	中学３年の１学期または２学期の成績で判断します 授業料免除、入学金の全額を免除
S特待	中学３年の１学期または２学期の成績、かつ推薦入試、一般入試の得点で総合的に判断します 授業料免除、入学金の全額を免除、施設費（年度払い）を免除 維持費（月払い）を免除

新しい高等学校が始まります！

桐《とう》蔭《いん》学《がく》園《えん》高等学校

毎年、東京大学を始めとした難関大学へ多くの合格者を輩出する桐蔭学園高等学校。
平成30年度（2018年度）に高等学校の再編成が行われ、
次の50年に向けた新しい高等学校がスタートします。

桐蔭学園再編成の背景

桐蔭学園高等学校は、平成30年度（２０１８年度）に新たに他の中学校から入学する生徒より、３コース制（プログレスコース、スタンダードコース、アドバンスコース）を新しく導入し、現在の男女別学・併学から男女共学へ移行します。また、中学校（男子部・女子部）・中等教育学校については、平成31年度（２０１９年度）より、共学化する中等教育学校に一本化し、中学校の募集を停止します。

この大きな再編成の背景に何があるのか、今年度（２０１７年度）より校長に就任された岡田直哉先生にその概要を伺いました。

岡田直哉校長

「平成26年度（２０１４年度）の創立50周年を機に、私を含めた改革プロジェクトチームを発足し、次の50年を見据えた桐蔭学園としての教育について、今回の学園再編成も含めた議論を重ねました。そこで決定したのが『自ら考え判断し行動できる子どもたち』の育成です。これを新教育ビジョンに掲げ、『アジェンダ8』という8つの具体的な行動指針に基づいた改革を進めています。この改革の軸となるのが平成27年度（２０１５年度）から導入したアクティブラーニング（以下、ＡＬ）型授業です。今年度、導入3年目となり、完全に定着したこのＡＬ型授業をさらに発展させ、桐蔭学園としての『新しい進学校のカタチ』を提案して行きたいと考えています。そのために、共学化も含め、今が、これまで準備してきた学園の再編成を実行に移す最適な時期と判断しました」

高等学校再編成の概要

桐蔭学園高等学校は、平成30年度に他の中学校から入学する生徒より、桐蔭学園中学校からの内部進学生とは別編成の、新しい男女共学の高等学校としてスタートします。この再編成について岡田校長に伺いました。

「本校は、平成27年度に、教育改革の軸として中学1年、中等1年・４年、高校1年の国・英・数・社・理の5教科でＡＬ型授業をスタートしました。今年度はその完成年度で、中学校・中等教育学校・高等学校の全学年でＡＬ型授業を展開しており、その効果は少しずつですが着実に表れています。この改革をさらに強化するべく、来年度に他の中学校から本高等学校へ入学する生徒より、本中学校からの内部進学生とは別編成の、まったく新しい高等学校としてスタートします。これについては改革プロジェクトチームで何度も議論を重ねてきました。新しい高等学校に入学する生徒には、みんなが同じスタートラインに立って無理なく学ぶことができるように、その生徒に則したＡＬ型授業、キャリア、探究、行事など体系化したカリキュラムを新たに導入し、３年間をサポートしていきます。また、ＡＬ型授業

新コース概要

<プログレスコース>
現在の理数科・理数コースからの改編。
難関国公立大学・医学部への進学に対応。
<アドバンスコース>
現在の普通科・普通コースからの改編。
国公立大学・早慶等難関私立大学への進学に対応。
<スタンダードコース>
現在の普通科・普通コースからの改編。
国公立大学・私立大学への進学に対応。

高校校舎

高校食堂

シンフォニーホール

の目的は、多様化する知識基盤社会で必要とされる、主体性・多様性・協働性の育成です。新しい高等学校が男女共学へ移行するのは、同じ生活空間に異性がいて、多様な考え方や存在をお互いに認めあい、協働体験を積むことが必要だと考えたからです。そして、その方がAL型授業の効果も確実に上がるはずです」

桐蔭学園のアクティブラーニング型授業とは

ALとは、一方的な講義を聴く受動的な学習ではなく、調べる、書く、話す、発表するなどの能動的な学習のことです。

桐蔭学園は、AL研究の第一人者である、京都大学高等教育研究開発推進センターの溝上慎一教授を教育顧問に迎え、新教育ビジョンの実現に向けて『AL型授業』を導入しました。溝上教授の教えは、これまでの講義形式の授業を全てALに変えるというものではなく、あくまでも知識のインプットは重要であって、その知識を活用し、探究する時間がALの時間だとする考えです。

そのため、各教科とも授業時間の2～3割程度を目安にグループワークを中心としたALを取り入れた授業を行っています。このAL型授業のやり方については、教員ごとの裁量に任せられており、例えば、50分授業なら15分をAL、10時間の授業のうち最後の3時間をALとするなど、各教科のAL推進委員が中心となり最も効果的なやり方を模索しながら進めています。

「私も高校3年の国語を担当しており、毎回15分から20分のALを行っていますが、いかに生徒をコントロールできるかが非常に重要になります。講義をやり、グループワークに移りプレゼンテーションと、色んな学習スタイルが50分の中で展開されるわけですから、それをコントロールできる教員の技量が非常に重要になります。

また、ALで重要なのは、その授業の最後に行う「ふり返り」です。私たちは、個⇩協働⇩個とよく言っているのですが、これは、『個でインプットし、協働してアウトプット・共有し、最後に今日の授業で何を学んだのかを、個でふり返り、確認する』この最後の個の時間がこのAL型授業の最大のポイントになります。この時間がなければ、ただのグループ活動で終わってしまいます」とAL型授業のポイントを語って頂きました。

新しい進学校のカタチ

岡田校長は、日本に多くある進学校の多様な在り方が、次の大きなテーマになると考えています。

「本校でも、大学進学はするけれど、その進学先には特にこだわりはなく、確かなビジョンを持たずに大学を卒業していく生徒が一定数います。この様な生徒に対して、桐蔭学園として、新しい教育を提案をしたいと考えています。そのひとつが、新しいスタンダードコースでの教育です。これまでの普通科よりやや間口を広げて生徒を募集する予定で、その生徒たちに合ったアクティブラーニング型授業、キャリア、探究を、現在、検討しています。改革コンセプトでもある『新しい進学校のカタチ』を具現化し、全国の進学校に提案したいと考えています」と岡田校長。これまでにない新しい高等学校がもうすぐ始まります。

桐蔭学園高等学校

所在地：神奈川県横浜市青葉区鉄町1614
TEL：045-971-1411
URL：http://toin.ac.jp

≪2017年度　学校説明会日程≫　予約不要

9月30日(土)14：30～
11月18日(土)①10：00～　②14：30～
11月25日(土)10：00～

≪学園祭(鵬翔祭・鸞鳳祭)≫　予約不要

9月23日(土)・24日(日)9：00～

視野が広がる!?

大学研究室探検隊

Vol.4

東京大学 中《な》須《か》賀《す》・船《ふ》瀬《な》研究室

研究内容

超小型衛星による深宇宙探査

中学生のみなさんにはあまりなじみがないかもしれませんが、多くの人が進むであろう大学の研究室では、文系・理系を問わず、日々さまざまな研究が行われています。このコーナーでは、そうした研究室や研究内容を紹介していきます。ここで見つけた研究がみなさんの視野を広げ、将来の目標への道標となるかもしれません。第４回は、超小型衛星の開発や深宇宙探査を行う東京大学の船瀬准教授の研究室をご紹介します。

中須賀・船瀬研究室は、中須賀真一教授と船瀬龍准教授の合同の研究室です。お２人のほか、助教１名、研究員３名、学生25名が集まり、「超小型衛星による深宇宙探査」についての研究を行っています。みなさんにとっては、聞き慣れない研究内容かもしれません。「超小型衛星?」「深宇宙?」と、疑問だらけの人もいるのではないでしょうか。

「超小型衛星」とは、その名の通り超小型の人工衛星のことです。どれくらい小さいかというと、こちらの研究室では１００kg以下を「超小型」としているそうです。「深宇宙」とは、地球の重力圏より外側の宇宙空間のことをいいます。つまり、「超小型衛星による深宇宙探査」とは、地球から遠く離れたところにある天体を、とても小さな人工衛星で探査することを意味するのです。

今回は、より詳しい内容を船瀬准教授に伺います。船瀬准教授は、学生時代に中須賀教授のもとで研究し、博士課程修了後に宇宙航空研究開発機構（ＪＡＸＡ）へ就職。約５年勤務したのち、大学院に准教授として戻り、中須賀教授とともに研究を続けています。

火星探査機着陸の写真が宇宙への興味のきっかけに

船瀬准教授が宇宙に興味を抱いたのは、自身が高校3年生のころ。それまでは、将来やりたいこと、なりたい職業など、なにも決まっていなかったといいます。

「1997年（平成9年）、NASAの火星探査機『マーズ・パスファインダー（Mars Pathfinder）』が火星に着陸し、火星探査車『ソジャーナ（Sojourner）』が火星を撮影しました。その写真を新聞で見た私は、探査機が遠隔操作で火星に着陸し、写真を撮って地球に送ってくるなんてすごいな、と感動したのです。自分も探査機を作ってみたい。そんな気持ちになったのが、そもそものきっかけでした。」（船瀬准教授）

進学先の大学で、超小型衛星の研究を牽引する中須賀研究室の門を叩いた船瀬准教授。当時のことを、「超小型衛星の作り方なんてだれも知らない時代。イチから自分たちで考え、研究と試験を繰り返しながら作りあげていくプロセスを経験できるのは、非常に魅力的なことでした」と振り返ります。

船瀬准教授が初めて超小型衛星を宇宙に飛ばしたのは、修士課程2年の夏。10人以上のメンバーで、約2年の年月をかけて作った「キューブサット（CubeSat）」です。

「自分の担当した部分が動かなかったらどうしよう、と不安で仕方ありませんでした。それが、無事に打ち上がった瞬間、なんともいえない気持ちに。

2003年（平成15年）に打ち上げられたキューブサットは、現在も、地球の周りをまわりながらさまざまな情報を地球に送ってくれています。」（船瀬准教授）

その後、JAXAに就職した船瀬准教授は、憧れていた深宇宙探査の分野へ。小惑星探査機「はやぶさ」・「はやぶさ2」、小型ソーラー電力セイル「イカロス（IKAROS）」などのプロジェクトに携わりました。それらの経験から、現在の研究のヒントを得たのだといいます。

「大学で地球の周りをまわる超小型人工衛星の研究に携わり、JAXAで深宇宙の惑星の周りをまわる深宇宙探査機の研究に携わったという2つの経験を融合し、超小型衛星で深宇宙探査ができないか、という考えに行き着いたのです。それまで、地球から遠く離れた惑星に超小型衛星が着陸することや、深宇宙から地上に正確な電波を届けることは難しいとされていました。しかし、私がJAXAに勤めている間にも、超小型衛星はどんどん進化・発展していたので、できるのではないかと考えました。そして、自分もその研究に携わりたいという想いから、大学の研究室に戻ることを決意しました。」（船瀬准教授）

ミッションの成功を通じ新しい技術の蓄積に貢献

大学に戻ってから最初に取り組んだプロジェクトは、「プロキオン（PROCYON）」という超小型衛星に

船瀬龍（ふなせ・りゅう）／2002年東京大学工学部航空宇宙工学科卒、2007年博士号取得（工学・東京大）。宇宙航空研究開発機構（JAXA）勤務ののち、2012年より東京大学大学院工学系研究科航空宇宙工学専攻准教授となる。写真は、研究を志すきっかけとなった火星探査機について語る船瀬准教授の様子。

東京大在学時

◆キューブサット（CubeSat）

世界初の超小型衛星キューブサットの研究に参加。2003年（平成15年）に打ち上げ成功。キューブサットは現在も宇宙をまわっています。

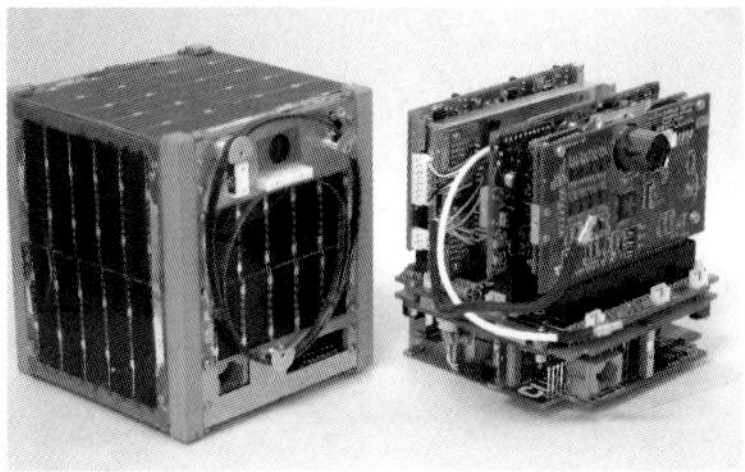

JAXA勤務時

JAXAでは「はやぶさ」・「はやぶさ２」、小型ソーラー電力セイル「イカロス」などのプロジェクトに参加。

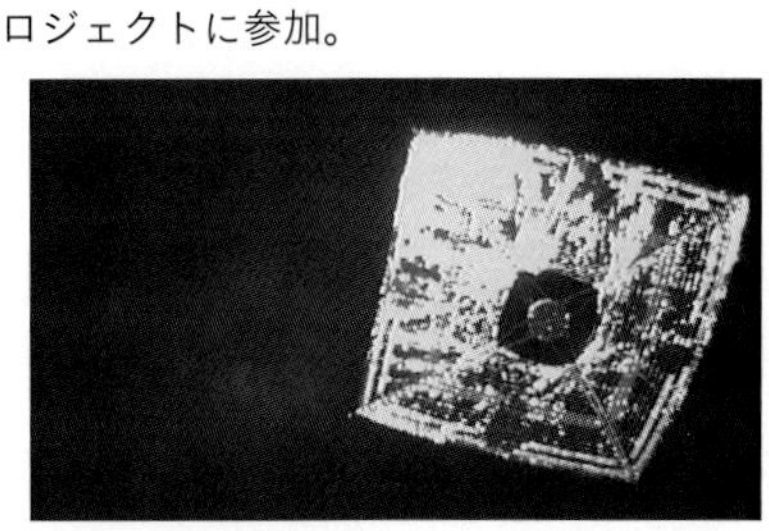

分離カメラが撮像した、イカロスのソーラーセイルが展開する様子（2010年）©JAXA

よる深宇宙探査です。プロキオンのミッションは、50kg級の超小型衛星が深宇宙を探査できることを世界で初めて実証すること。船瀬准教授いわく、「50kg級は、世界初。500kg以上の『はやぶさ』や、300kg以上の『イカロス』など、従来の深宇宙探査機と比べ相当小さい規模」とのこと。2013年（平成25年）秋から開発が進められ、2014年（平成26年）冬に打ち上げられたプロキオンは、予定されていた小惑星にはたどり着けなかったものの、地球から60万kmの距離からの通信に成功するなど、深宇宙できちんと動けるという基本機能は無事に実証されました。

「プロキオン」で培った技術は、現在取り組んでいるより小さな人工衛星「エクレウス（EQUULEUS）」の挑戦にも活かされています。エクレウスのミッションの1つは、太陽―地球―月圏での軌道操作技術を実証すること。世界初の挑戦です。

「宇宙には『ラグランジュ点』という月と地球の重力が釣りあう点があり、そのラグランジュ点周りの周期軌道に到達すれば、超小型衛星でも少ない燃料でまわり続けることができます。いかにして、エクレウスをラグランジュ点に到達させるか。それが、このミッションの成功の鍵を握ります」と船瀬准教授。現在もこの研究を進めています。

そもそも、超小型衛星による深宇宙探査の成功は、世の中にどんなインパクトを与えるのでしょうか。

「従来の深宇宙探査と比べ、かかる費用や時間、人数が大きく削減できます。とりわけ費用に関しては、数百億円かかっていたものを数億円程度にまで引き下げることが可能です。実現できれば、さまざまなことにチャレンジしやすくなり、新しい技術がどんどん蓄積されていく。そんな好循環を生み出します。

超小型深宇宙探査機の実現のために必要な工夫の1つが、妥協できる部分とできない部分の見極めです。例えば、部品。従来の深宇宙探査機には宇宙探査用に開発された、信頼性が高い専用の部品を使いますが、とても高額です。超小型の場合は、宇宙探査用でなくても、例えばパソコンに使われている部品などを試験したうえで使っていきます。そして、部品単体としてではなく、システム全体として信頼性を高めていく。それが私たちの腕の見せどころなのです。」（船瀬准教授）

プロキオン（PROCYON）

こいぬ座の１等星プロキオンが名前の由来。小さな探査機のイメージにぴったり！

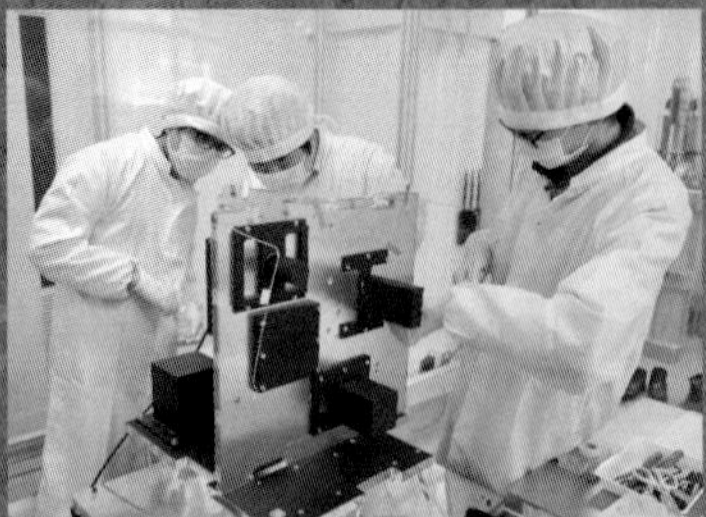

▲プロキオンの組み上げ作業

▲早稲田大での熱真空試験

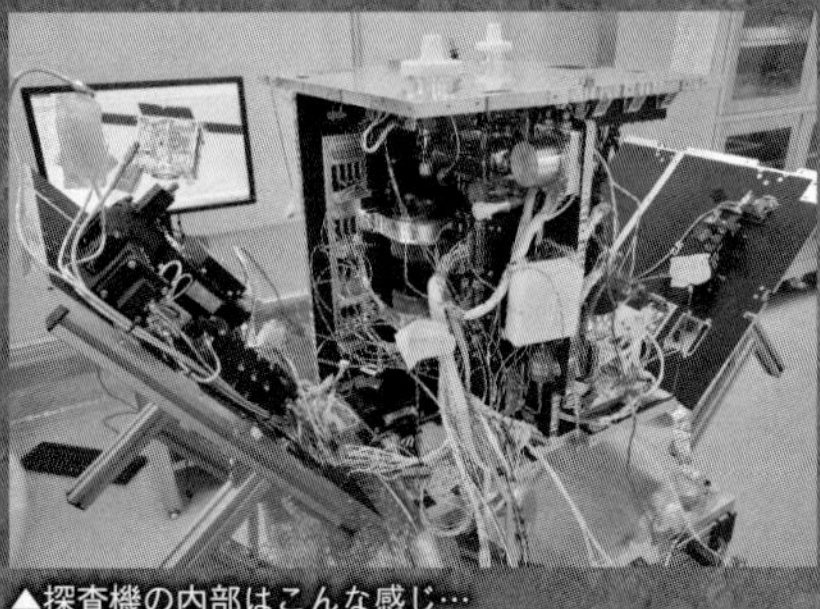

▲探査機の内部はこんな感じ…

▲イオンスラスタ作動試験

2014年（平成26年）に打ち上げられた超小型宇宙探査機。50kg級という超小型での深宇宙探査が可能であることを世界で初めて実証するのが目的。小惑星探査機「はやぶさ２」に相乗りする形でいっしょに打ち上げられ、予定していた小惑星への接近はかないませんでしたが、深宇宙での活動は実証されました。

エクレウス(EQUULEUS)

エクレウスとはこうま座のこと。こちらも探査機の小ささを象徴した名前です！

▲深宇宙を進むエクレウスのイメージ

▲低温(−20℃)から高温(＋50℃)までの温度範囲内での動作試験

2019年(平成31年)に打ち上げが予定されている超小型深宇宙探査機。7月の取材時には、真空チャンバー（内部を真空にする装置)での推進力測定の実験が行われていました。世界初となる超小型深宇宙探査機での太陽―地球―月圏での軌道操作技術の実証等をめざしています。

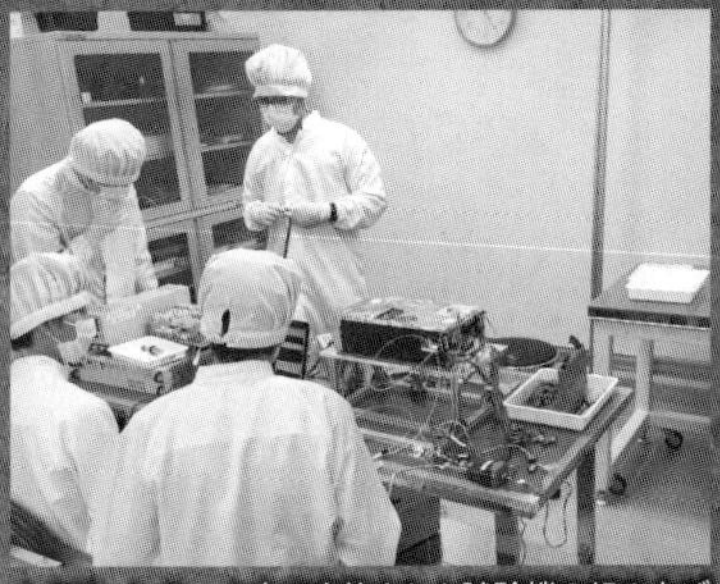

▲クリーンルーム内で実施された試験機の組み上げ

▲真空チャンバーでの試験

やりたいことを見つけたら迷わずチャレンジしよう

将来、この研究分野はどのように展開されていくのか、船瀬准教授が描かれる展望について伺いました。

「いま、地球の周りをまわる人工衛星は、やる気と多少のお金があればだれでも作れます。今後、その領域が、地球から遠く離れた深宇宙にまで広がるといいな、と思い描いています。人工衛星の活動領域を広げることは、将来的には人類の活動領域を広げることにつながるのです。

ただし、たくさんの深宇宙探査機が飛ぶようになると、地上からのコントロールが難しくなっていきます。ですから、探査機そのものが自分で考え、自分でミッションを成功させていく賢さが必要になります。

人工知能の技術を活かし、〝知的な宇宙システム〟の実現をめざしていきたいです。10年後くらいにはかなえられたらいいな、と思っています。」(船瀬准教授)

10年後といえば、みなさんが社会に出るころです。将来、船瀬准教授の描く未来にかかわる人もいるかもしれません。そんなみなさんへのメッセージです。

「私が中学生のころは、まだ将来やりたいことが見つかっていませんでした。

ただ、高校生になってそれが見つかってからの行動は早かったです。みなさんも、やりたいことが見つかったときは迷わず、スピード感をもってチャレンジしてほしいと思います。そのためには、いまから準備が必要です。ぜひ、幅広く勉強し、興味のあることを深掘りする姿勢で学んでください。」(船瀬准教授)

中須賀・船瀬研究室

メンバー
東京大工学部航空宇宙工学専攻の学生25名、助教1名、研究員3名

研究室
東京大本郷キャンパス
東京都文京区本郷7-3-1

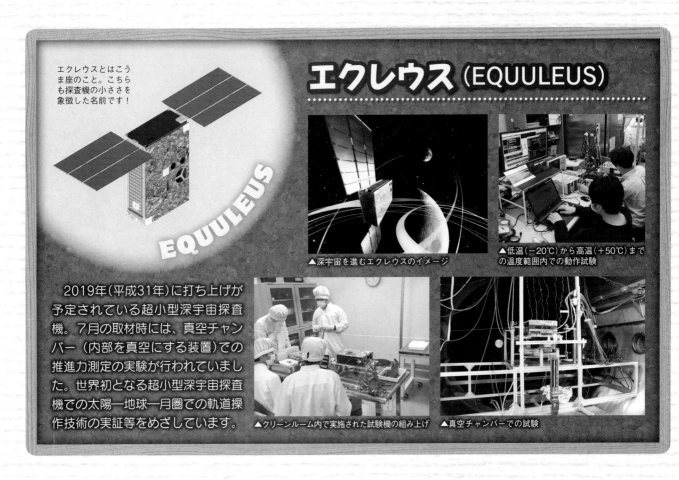

School Navi No.263

神奈川県　横浜市　女子校（2018年度より男女共学化）

法《ほう》政《せい》大《だい》学《がく》女《じょ》子《し》高等学校

（2018年度より法政大学国際高等学校に校名変更）

School Data

所在地	神奈川県横浜市鶴見区岸谷1-13-1
生徒数	女子のみ800名（2018年度より男女共学化）
TEL	045-571-4482
URL	http://www.hosei.ac.jp/general/jyoshi/
アクセス	京浜急行線「生麦駅」徒歩5分

21世紀の地球市民を育てる学校へと進化を遂げる

「自由と進歩」を掲げる法政大学の付属校として、自主性と社会性を備え、それぞれの個性と才能を社会で発揮できる生徒を育成してきた法政大学女子高等学校（以下、法政女子）。2015年（平成27年）にはスーパーグローバルハイスクール（SGH）指定校、2017年（平成29年）には国際バカロレア（IB）認定校となるなど、グローバル教育にも定評のある学校です。

そんな法政女子が来年度（平成30年度）より校名変更、男女共学化し、法政大学国際高等学校（以下、法政国際）として生まれ変わります。法政国際のモットーは「主体的に学び、考え、行動し、多様な他者とつながる21世紀の地球市民（グローバルシチズン）を育てる付属校」です。

伝統を受け継ぎつつ さらに進化する教育

法政国際は、法政女子が大切にしてきた自主性・社会性を育む教育を引き続き重視しつつ、「グローバル探究コース」「IBコース」の各コースで「楽しむ能力」「挑む力」「寛容な心」「疑う力」という4つの力を養う教育を実践していきます。

グローバル探究コースは、1年目は全員共通履修で基礎学力を身につけ、2年目からは各々の興味・関心に合わせて自由に履修科目を選択していきます。「横浜中華街とヨコハマの歴史といま」や「サピエンス学」など、1つのテーマを1年間かけて探求する独自の科目「国際理解」が設定されているのも特徴です。

IBコースは、世界各国の大学に出願する資格を得られる国際バカロレア・ディプロマプログラムを実施するコースです。さまざまなプログラムを通して、海外の大学でも学びを探究できる力を育みます。

そして、一定の基準を満たせば全員が法政大へと推薦される付属校推薦制度に加えて、推薦資格を保持したまま他大学を併願受験できる制度があるのも大きな魅力です。併願できる大学や学部学科に制限はなく、どの大学でも、また、法政大にある学部や学科を受験してもかまわないというから驚きです。

そのほかにも、イギリスやカナダ、台湾などでの海外研修をはじめ、教室での通常授業では得られない貴重な体験ができるプログラムを行うなど、数々の魅力を備えた学校へと進化する法政女子高等学校に、いま注目が集まっています。

School Navi No.264

埼玉県　新座市　共学校

西《せい》武《ぶ》台《だい》高等学校

School Data

所在地	埼玉県新座市中野2－9－1
生徒数	男子940名、女子631名
TEL	048-481-1701
URL	http://www.seibudai.ed.jp/
アクセス	東武東上線「柳瀬川駅」・JR武蔵野線「新座駅」徒歩25分またはスクールバス、西武新宿線・池袋線「所沢駅」スクールバス

校訓に基づき「知・徳・体」を育む

「若き日に豊かに知性を磨き美しく心情を養いたくましく身体を鍛えよ」と校訓を掲げる西武台高等学校（以下、西武台）。その校訓のもと、「知・徳・体」のバランスのとれた教育を展開しています。

学力と人間性を育てる教育プログラムを実施

西武台では、高1から「特進Sコース」「選抜Ⅰコース」「選抜Ⅱコース」「進学コース」に分かれて学びます。「特進Sコース」と「進学コース」は高2から、「選抜Ⅰコース」と「選抜Ⅱコース」は高3から文系・理系に分かれます。どのコースにも、課外講座や勉強合宿が用意されており、希望進路実現のためのサポート体制が整えられています。

そのほか、英語のリスニングを行う朝学習やテーマに沿って新聞記事の研究などを行う「NIE（Newspaper In Education）活動」、プレゼンテーション能力を向上させる「プライベート・オピニオン」（特進Sコース対象）など、学習意欲を高める取り組みが多数実施されています。

さらに、今年度入学生からは、Chromebookを使ったICT教育も積極的に取り入れられています。協働的な学習を実施するとともに、生徒個々の成績管理を行うなど、進路指導にも活用されています。すでに無線LANが全教室に整備されており、今後は電子黒板の設置も予定されているため、今後ますますICT教育が充実していくことでしょう。

こうした学習プログラムを実施する一方、人間育成プログラムを行っているのも特徴です。オーストラリアを訪れ、現地の人の考え方や文化に触れる異文化体験ステイ、高齢者疑似体験などを通じて福祉・ボランティアについて基本的な知識を身につける福祉体験、戦争の悲惨さや将来の平和について考える平和学習（修学旅行）といった取り組みがあります。

そして、西武台では、行事やクラブ活動も盛んです。体育祭、武陽祭（文化祭）をはじめとした行事に主体的に取り組みながら、クラブ活動では運動部・文化部ともに、関東大会や全国大会に出場する部があるなど、活発に活動しています。

多彩なプログラムを用意し、「知・徳・体」のバランスのとれた生徒を育てる西武台高等学校です。

FOCUS ON

大平《おおひら》 雅子《まさこ》 校長先生

School Data

所在地
神奈川県横浜市中区本牧緑ケ丘37

アクセス
JR根岸線「山手駅」徒歩13分

TEL
045-621-8641

生徒数
男子311名、女子528名

URL
http://www.y-midorigaoka-h.pen-kanagawa.ed.jp/

- 2学期制
- 週5日制
- 月・木7時限、火・水・金6時限
- 50分授業
- 1学年7クラス
- 1クラス40名

神奈川県立

横浜緑ケ丘高等学校

YOKOHAMAMIDORIGAOKA HIGH SCHOOL

次世代を担うリーダーとして これからの社会を切り拓く力を育成

新校舎の完成により教育環境が一新された神奈川県立横浜緑ケ丘高等学校。総合力を育むカリキュラムのもと、「総合的な学習の時間」で特色ある取り組みを行っています。〈学びの奨励基金〉が創設されるなど、生徒が自らを磨き、成長するための活動が支援されているのも魅力です。

新校舎が完成し より充実した教育環境に

神奈川県立横浜緑ケ丘高等学校(以下、横浜緑ケ丘)は、1923年(大正12年)、神奈川県立横浜第三中学校として開校されたのを始まりとします。校舎移転や学制改革を経て現在の形になったのは1950年(昭和25年)。現在、県立高校改革のなかで、学力向上進学重点校のエントリー校になっています。

2015年度(平成27年度)に全教室エアコン完備という、魅力的な設備が整った新校舎が完成しました。明るく開放的な雰囲気で、とくにお手洗いのきれいさは女子生徒から評判だそうです。体育館など、そのほかの施設も順次改修の予定に入っていて、教育環境は充実度を増していくことでしょう。

校訓の「三徳一誠」の三徳は〈知・仁・勇〉を表し、一誠とは〈まことをもって貫く〉という意味です。現在はこれを「未来を創る　未来に生きる　未来を拓く」という現代的な言葉で表現し、「広い視野を持ち新たな価値を創造する次世代のリーダー」の育成をめざしています。

大平雅子校長先生は「学校生活は社会に出るための準備期間であると思うので、生徒には時間を有効活用して、自己を高めるための努力を惜しまないでほしいと伝えています。なにかに挑戦する強い意志を持ち、思いやりの心と感謝の気持ちを大切にできる、そんな大人に成長していくために、有意義な高校生活を送ってほしいです」と話されます。

授業の年間テーマは 「知りたいを見つけよう」

日々の授業を大切にする横浜緑ケ丘では「自ら学ぶ力を育む授業」の展開をめざし、毎年異なるテーマを設定しています。これまでのテーマには「探求心・向上心をくすぐる」「考えることを楽しもう」などがあり、今年度のテーマは「知りたいを見つけよう」です。

カリキュラムは総合力を養うことを目的として作られています。高1、高2は幅広い教養を育むために多くの共通科目を履修し、高3は1人ひとりの個の力を伸ばすために、Ⅰ型(文系)・Ⅱ型(理系)に分かれるとともに、多彩な自由選択科目も履修します。

大平校長先生は「授業時間の確保と質の向上をめざし、今年度から1

時限を5分増やし50分授業にしました。火・木・金が6時限で月・木が7時限です。今年のテーマに向けて、いままで以上にレベルが高く内容の深い授業を展開すべく教員たちは工夫を凝らして授業に臨んでいます。

カリキュラムの面では、高2の理科に化学を、選択科目（音楽・美術・

テーマ別研修

総合的な学習の一環として行われる「テーマ別研修」。多彩な研修を通して、主体的に学ぶ力を育む独自の取り組みです。

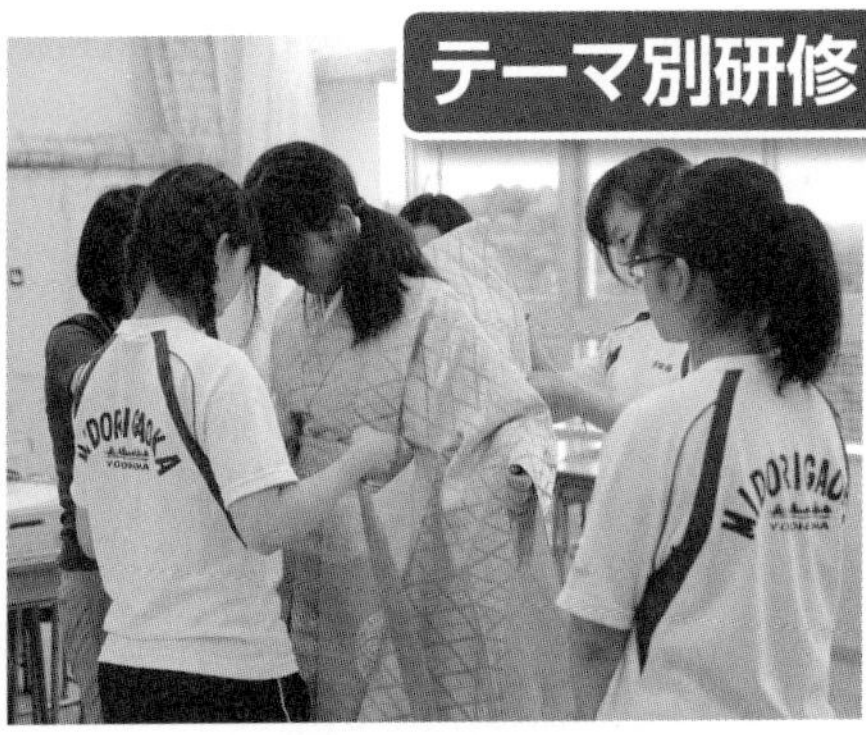

部活動

アーチェリー部

茶道部

バスケ部

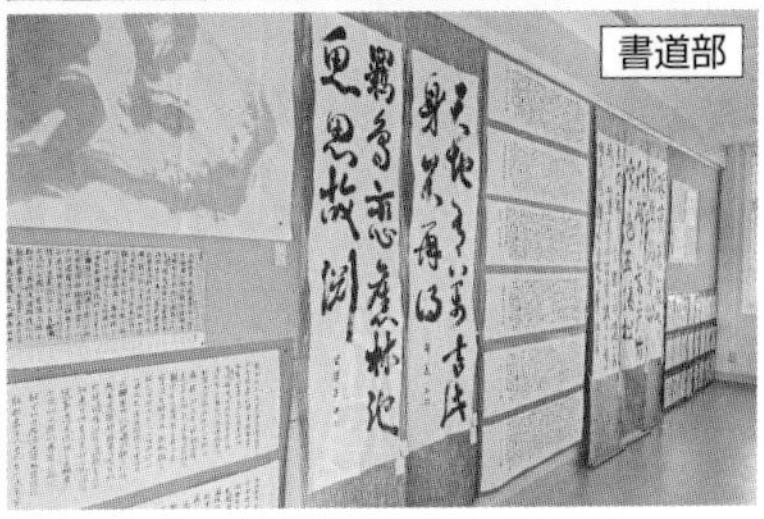

書道部

部活動は文化部、運動部ともに盛んに活動しています。文化部は19（同好会含む）、運動部は17の部があります。加入率も95%を超え、多くの生徒が勉強と部活動を両立させています。

緑高祭

7月には緑高祭（文化祭）が開催されます。各クラスの企画、部活動の発表など、生徒たちは夏の暑さにも負けない熱気で盛り上げます。飲食店やお化け屋敷など、開催できるクラス数に制限がある企画は、3学年合同でプレゼンテーションをしたうえでどのクラスが実施するかを決めています。

書道）にフードデザインを加えました。化学は続けて学ぶことが大事なので、高1、高2と連続して学習ができるように変更しました」と説明されます。

また、勉強でわからないところを解決する場所として、職員室近くに質問コーナー「アゴラ」が設置されています。朝、昼休み、放課後に生徒が教員に質問する姿は、まるで寺子屋のよう。こうしたサポート体制があるのも魅力でしょう。

総合学習や英語の授業で主体性を育む

横浜緑ケ丘では、生徒の主体性を育むさまざまな取り組みを実施しています。とくに象徴的なのが総合的な学習の時間に行う「テーマ別研修」と「課題論文作成」です。「なぜ？」という疑問を出発点として探究学習を行うことで、問題を発見・解決する力をはじめ、社会で役立つ多様な力を身につけていきます。

まず高1・高2は、芸術文化、社会科学、人間科学、国際教養、環境・情報の5分野に関連した多彩な講座（今年度は40講座）から1つを選択し、テーマ別研修に参加します。講座は「小動《こゆるぎ》・江ノ島文学散歩」「人と科学のふれあい」「医療現場体験」「ロボットやプログラミングに触れてみよう」などがあります。

そして、高2の後期からは課題論文作成に向けた取り組みが始まります。生徒1人ひとりが設定したテーマは前述の5分野のいずれかに分類され、各分野を担当する教員の支援のもと、レジュメ作成や中間発表を行い、最終的に高3で1人につき4000字以上の論文を仕上げます。「総合的な学習の時間は、社会のあり方について考え、自己のキャリア形成と結びつけた、まさに主体的・対話的な深い学びを実践する時間となっています。

さらに英語教育にも力を入れていて、TOEICを全員が受験したり、英語の授業で〈即興型英語ディベート〉を取り入れたりしています。生徒は身近なテーマに対して、ジェスチャーを含めながら懸命に英語で自分の主張を語っています。こうした特色ある取り組みによって、生徒の学ぶ意欲を刺激しています。

これからは、総合的な学習の時間や英語の授業だけではなく、すべての授業をうまくリンクさせ、グローバル化に対応できる総合力を養っていきたいと考えています。そのため

体育祭

体育祭は10月です。赤、青、黄の3色の団に分かれて、大縄跳び、騎馬戦などの競技で戦います。緑高祭や体育祭などの学校行事はすべて生徒主体で企画・運営されており、そうした活動を通しても、社会で役立つ力が育まれていきます。

修学旅行

修学旅行は沖縄へ行きます。平和学習に加えて、沖縄の自然を感じるアクティビティーも体験します。

画像提供：神奈川県立横浜緑ケ丘高等学校

に、我々教員もスキルアップをしつつ、よりよい学校へと生まれ変わる努力をしていかなければならないと思っています。」（大平校長先生）

卒業生の支援による奨励基金制度を設立

伝統校として、多くの卒業生を幅広い分野に輩出してきた横浜緑ケ丘では、卒業生による手厚い支援が行われています。各界で活躍する卒業生による講演会「緑高セミナー」が開かれるほか、「将来的に積極的な社会貢献を果たすことのできる人格・能力を持つ社会人に育ってほしい」という思いから、生徒の主体的な学びの活動に奨励金を給付する〈学びの奨励基金〉が、卒業生の寄付を元に創設されました。

「校内の審査に合格すると、1件につき最大50万円が給付されます。この基金を活用してこれまで、ダンスを習っている生徒が外国に本場の舞台芸術を観にいったり、将来福祉の道に進みたいと考えている生徒が手話を習ったりしています。同窓会（牧陵会）とは、今後も密接にコンタクトをとっていき、卒業生の話を聞ける機会を増やしていきたいと考えています」と大平校長先生。

このような特色ある教育活動で、21世紀に求められる力を伸ばしていく神奈川県立横浜緑ケ丘高等学校。卒業生たちは身につけた力を活かして自身が志望する国公立大学や難関大学へ進学し、その先の社会でも活躍しています。

「本校は、社会のリーダーとなる人材の育成をめざして、幅広い教養と確かな学力を生徒に身につけさせることを教育方針としています。特色検査入試では、本校で必要とされる、自分の力で考えて、自分の言葉で表現できる力をはかります。学力を高めるだけではなく、部活動との両立に励むなど、何事にも主体的に取り組める、向上心を持った生徒の入学を待っています。」（大平校長先生）

2017年度（平成29年度）大学合格実績 （）内は既卒

大学名	合格者	大学名	合格者
国公立大学		私立大学	
北海道大	3(2)	早稲田大	69(9)
東北大	1(0)	慶應義塾大	23(6)
筑波大	1(0)	上智大	21(2)
千葉大	3(0)	東京理科大	27(7)
お茶の水女子大	2(1)	青山学院大	54(3)
東京大	1(1)	中央大	30(2)
東京外大	1(0)	法政大	62(12)
東京学芸大	1(0)	明治大	112(15)
東京工大	1(1)	立教大	73(7)
一橋大	2(0)	学習院大	11(3)
横浜国立大	9(1)	津田塾大	1(1)
横浜市立大	10(0)	芝浦工大	30(5)
その他国公立大	19(2)	その他私立大	250(57)
計	54(8)	計	763(129)

ケアレスミスの対策は いまから始めよう

2学期が始まりました。夏休みの勉強の成果をチェックし、本格的な受験シーズンに向けての準備をするために、模擬試験を受けたり、志望校の過去問を解いたりする回数も増えてくるでしょう。この機会にぜひやってほしいことは、「ケアレスミスの対策」です。

ミスのタイプを知り それに応じた対策を

この時期やるべきことの1つとして、「ケアレスミスの対策」と聞くと、違和感のある受験生も多いのではないでしょうか。それは、みなさんがケアレスミスに対して、「当日、入試本番で気をつけるしかないもの」と思い込んでいるからだと思います。

しかし、ケアレスミスこそ事前に対策すべきです。最大のポイントは、自分がよくしてしまうミスのタイプを知ることです。具体的には、模擬試験を受けたり、過去問を解いたりするたびに、どんなミスをしたかを確認し、そのパターンを知ることから始めます。

ミスのタイプがわかれば、それに応じた対策を行うことができます。例えば、数学で計算ミスが多いなら、小学校・中学校レベルの計算問題を一通り復習する必要があります。国語の文章問題で早とちりすることが多いなら、問題文を繰り返し読むことを習慣づけましょう。あるいは、英語で単語のスペルミスが多いなら、同じ単語のスペルを100回書くというのも1つの手です。それらの対策は、いずれも入試本番ではなく事前にしておく必要があります。なぜなら、仮に入試直前になって計算ミスが多いことがわかっても、すぐに復習したり、計算練習したりと

和《わ》田《だ》秀《ひで》樹《き》 1960年大阪府生まれ。東京大学医学部卒、東京大学医学部附属病院精神神経科助手、アメリカのカールメニンガー精神医学校国際フェローを経て、現在は川崎幸病院精神科顧問、国際医療福祉大学大学院教授、緑鐵受験指導ゼミナール代表を務める。心理学を児童教育、受験教育に活用し、独自の理論と実践で知られる。著書には『和田式　勉強のやる気をつくる本』（学研教育出版）『中学生の正しい勉強法』（瀬谷出版）『［改訂新版］学校に頼らない 和田式・中高一貫カリキュラム』（新評論）など多数。初監督作品の映画「受験のシンデレラ」がモナコ国際映画祭グランプリ受賞。

的指導

いった対策が行えるわけではないからです。

ミスの「見える化」で繰り返しを防ごう

以前、私は、『ケアレスミスをなくす50の方法』（ブックマン社）という本を出しました。大学受験において多く見られるケアレスミスのパターンを紹介し、その対策についてアドバイスする、という内容です。大学受験生向けではありますが、なかには高校受験生にも共通するところがあります。

例えば、自分がミスした内容を記録しておくノートを作るのは、高校受験生にもおすすめのケアレスミス対策です。どんなミスをしたのか、なにが原因だったのか、書き出して反省します。これは、単語帳の考え方と同じです。覚えたい単語を書き出し、それに目を通すことで覚えるように、気をつけたいミスの内容を書き出し、それを見ることで同じミスを防ぎます。

また、ミスの「見える化」という意味では、3色ボールペンを使用することもおすすめしています。ノートに文字を書くとき、鉛筆やシャープペンシルではなく、3色ボールペンを使用するのです。間違えたところは消しゴムで消すのではなく、赤ペンで直します。2度間違えたときは、青ペンを使います。このように、ケアレスミスを「見える化」しておくことにより、同じミスを防ぐことができるのです。

大切なのは、模擬試験などで力試しを行うたび、繰り返し対策を練ることです。人間は、気をつけないと同じミスを何度もやってしまいます。いま対策を始めれば、数カ月かけて少しずつでも改善されていくはずです。受験本番で痛い目をみないよう、いまからしっかり頑張っていきましょう。

和田先生に聞く お悩み解決アドバイス

Q 受験勉強の中だるみ どう克服すればいい？

A 自分のやるべきことをまずは見出して

受験生が受験勉強の中だるみを経験するとしたら、その原因は2パターン考えられます。1つは、「志望校にはとても受かりそうにない」と自信を失い、勉強そのものが嫌になってしまうパターン。もう1つは、「志望校には余裕で受かりそうだ」と自信を持ち、油断してしまうパターンです。いずれも、次にやるべきことが見えず、勉強に対する気持ちがたるんでしまうのだと考えられます。

では、こうした中だるみを克服するにはどうすればいいのかというと、自分のやるべきことを見出せばいいのです。

例えば、「志望校にはとても受かりそうにない」と思うのであれば、逆に受かりそうなレベルの学校の過去問を解き、そのなかで見つけた新たな課題に取り組みましょう。一方、「志望校には余裕で受かりそうだ」と思うのであれば、思いきって大学受験を見据え、高校の勉強を始めてみましょう。自分のやるべきことを明確にし、勉強を継続させることが、中だるみ克服の最大のポイントです。

和田式教育

真の文武両道を追求しよう！

平成29年度・大学合格者数
京都大・北海道大・東北大　合格

国公立大	57名	早慶上理	46名
医歯薬看護	68名	G-MARCH	175名

世界大会から県大会出場まで各部活が活躍

世界大会出場！ 水泳部、パワーリフティング部
全国大会出場！ 吹奏楽部、男子バレーボール部、女子バレーボール部、陸上競技部、アーチェリー部
関東大会出場！ 柔道部
県大会出場！ 野球部、サッカー部、テニス部、バドミントン部、卓球部、ソフトボール部、合唱部、将棋部

学校説明会【生徒による説明会】
（予約不要　10:00～11:30）
9月23日（土）

ナイト説明会
（予約不要　19:00～20:00）
9月27日（水）
会場：越谷コミュニティセンター
（新越谷駅、南越谷駅より徒歩3分）

入試説明会【入試問題傾向解説】
（予約不要　10:00～11:30）
10月15日（日）
11月11日（土）

個別相談会（完全予約制）
＊予約受付はHPにてご案内しています
（9:00～12:00、13:00～15:00）
10月22日（日）　10月29日（日）
11月19日（日）　11月25日（土）
11月26日（日）　12月 9日（土）
12月17日（日）

＊日程は予定ですので、HPなどでご確認のうえ、ぜひお越し下さい。

春日部共栄高等学校

〒344-0037　埼玉県春日部市上大増新田213　TEL.048-737-7611
東武スカイツリーライン 春日部駅西口からスクールバス（無料）7分
http://www.k-kyoei.ed.jp

教育評論家 正尾佐の

高校受験指南書

Tasuku Masao

【百参拾の巻】

不得意頻出問題3

「不得意頻出問題」シリーズの最後は国語だ。本当は現代文問題や作文問題を取り上げたいのだが、6月号でも断り書きを記したように、問題文が長いものはこの連載記事のスペースでは扱いかねる。それで、どうしても古文の問題になってしまう。しかし、古文はちらっと見ただけでも「わっ、昔の文章だ、チンプンカンプンだ……」と、大の苦手としている人も少なくない。そういう人には「ためになる」だろう。

次の問題は、埼玉県の県立高校試験で出題されたものだよ。

次の文章を読んで、あとの問いに答えなさい。

蔡順《さいじゅん》は、※汝南《ぢょなん》といふ所の人なり。※王莽《わうばう》といへる人の時分の末に、天下おほきに乱れ、また飢《け》渇《かつ》して、食事に乏しければ、母のために、桑の実をA拾ひけるが、熟したると熟せざるとを分けたり。この時、世の乱れにより、人を殺し、剝《は》ぎ取りなどする者ども来《きた》つて、蔡順に①問《と》ふやうは、「何とて二色《ふたいろ》に拾ひ分けけるぞ。」と言ひければ、蔡順、「一人の母を持てるが、この熟したるは、母に与へ、いまだ熟せざるは、わがためなり。」と語りければ、心強き不道の者なれども、かれが孝を感じて、米※二斗《と》と牛の足一つ与へてB去りけり。その米と牛の腿《もも》とを母に与へ、またみづからもつねにC食すれども、一期《いちご》の間、尽きずしてありたるとなり。これ、②孝行のしるしなり。

（『御伽草子集《おとぎぞうししゅう》』による。）

（注）※汝南《ぢょなん》……中国の地名。

※王莽《わうばう》……古代中国の政治家。

※二斗《と》…約三十六リットル。

まず、問題文を現代語に言いかえて、中身を理解していこう。

高校の入学試験に出るような古文は、主人公は最初から登場するのが普通だ。この文章もそうで、蔡順が主人公だ。

○蔡順は、汝南といふ所の人なり。

＝蔡順は、汝南という土地の人である。

○王莽といへる人の時分の末に、天下おほきに乱れ、

＝王莽と言われた人が（治めていた）時代の末に、世の中大いに混乱し、

○また飢渇して、食事に乏しければ、

＝また飢餓《きが》で、食糧が乏しかったので、

○母のために、桑の実をA拾ひけるが、熟したると熟せざるとを分けたり。

普通科 学校説明会 ＊要予約

9月23日（土・祝）13：30〜　9月24日（日）11：00〜
10月21日（土）14：00〜　11月11日（土）14：00〜
11月23日（木・祝）13：30〜　12月2日（土）14：00〜

普通科 個別相談会 ＊要予約

12月9日（土）14：00〜

音楽科 学校説明会 ＊要予約

10月21日（土）14：00〜

音楽科 実技相談 ＊要予約

11月3日（金・祝）9：00〜

桜鏡祭（文化祭）
9：00〜16：00
9月23日（土・祝）
24日（日）

音楽講習会 ＊要予約

12月23日（土・祝）〜26日（火）

音楽相談 ＊要予約

11月26日（日）9：00〜

普通科特別進学コースα・β／普通科総合進学コース／音楽科演奏家コース／音楽科器楽・声楽コース

上野学園高等学校

〒110-8642 東京都台東区東上野4-24-12 TEL 03-3847-2201 http://www.uenogakuen.ed.jp/

＝母親のために、（野生の）桑の実を拾い（集め）たのだが、熟《う》れているのと熟れていないのとに分けていた。

○この時、世の乱れにより、人を殺し、剝ぎ取りなどする者ども来つて、

＝ある時、世間の混乱に乗じて、人を殺し、（衣服を）剝ぎ奪うものたちがやってきて、

○蔡順に①問ふやうは、「何とて二色に拾ひ分けけるぞ。」と言ひければ、

＝蔡順に尋ねたことは、「どうして（桑の実を）二種類に拾い分けているのか」と言ったので、

○蔡順、「一人の母を持てるが、この熟したるは、母に与へ、いまだ熟せざるは、わがためなり。」と語りければ、

＝蔡順は、「（私は）母親を一人持っているが、この熟れているのは母にやり、まだ熟れていないのは、自分が（食べる）ためだ」と話したところ、

○心強き不道の者なれども、かれが孝を感じて、米二斗と牛の足一つ与へてB去りけり。

＝心の荒々しい悪行の者だけれども、彼（＝蔡順）の親孝行に感心して、米を二斗と牛の足を一本与えて去っていった。

○その米と牛の腿とを母に与へ、またみづからもつねにC食すれども、一期の間、尽きずしてありたるとなり。これ、②孝行のしるしなり。

＝その米と牛の腿肉を母に与え（て食べさせ）、また自分もいつも食べ（続け）たけれども、一生の間、（米も牛肉も）尽きることなく残り続けたという。これは、（蔡順の）親孝行の霊験である。

では、問いを解いていこう。

さっそく問1だ。

問1　傍線A〜Cの主語を、次のア〜エの中からそれぞれ一つずつ選び、その記号を書きなさい。なお、同じ記号を何度使ってもかまいません。

ア、蔡順《さいじゅん》　イ、王莽《わうばう》　ウ、母　エ、人を殺し、剝《は》ぎ取りなどする者ども

桑の実を拾っていたのは、蔡順だね。だからAの答えはアだ。

Bの蔡順に米と牛の足を与えて立ち去ったのは強盗たちだ。だから答えはエだ。

またCの常に米と牛肉を食べたのは蔡順だから、答えはアだ。

正解　A＝ア　B＝エ　C＝ア

問2　①問《と》ふやうは　とありますが、この部分を「現代仮名遣い」に直し、すべてひらがなで書きなさい。

「現代仮名遣い」とは、もちろん、いま私たちが用いている仮名（平仮名・片仮名）の使い方だね。例えば、「母」を「はは」というふうに、発音通りに書くのが原則だが、「母は笑う」を「ははわらう」ではなく、「はははわらう」と書くという例外もある。

昔はどうだったか。いま私たちが

未来に
翔くために…

入試説明会

第1回 10月28日（土）14:30〜
※「英語」入試問題の解説あり
第2回 11月 4日（土）14:30〜
※「数学」入試問題の解説あり
※合唱部の演奏あり
第3回 11月18日（土）14:30〜
※「国語」入試問題の解説あり
第4回 11月25日（土）14:30〜
※「英語」入試問題の解説あり
第5回 12月 2日（土）14:30〜
※「数学」入試問題の解説あり
※各回とも説明会終了後に、
校内見学・個別相談を行います。

学校見学会

12月 9日（土）　12月16日（土）
各日①14:00〜 ②15:00〜

杉並学院
高等学校
〒166-0004　杉並区阿佐谷南2-30-17
TEL 03-3316-3311

「わらう〈笑う〉」と発音し、「わらう」と書く語は、昔は「わらふ」と発音し、「わらふ」と書いた。そして、だんだん〈わらふ（wa・ra・hu）→わらう（wa・ra・u）〉というふうに変わったのだ。そのように「らふ」を「らう」と書き記すことを「現代仮名遣い」と呼ぶ。
昔の「やふ」「やう」は、いまでは「よう」と書き記す。「さやうなら」は「さようなら」だ。
同じように、「とふ〈問ふ〉」も「とう」と発音するようになって、「とう〈問う〉」と書き記すようになった。

正解　とうようは

問3　②孝行　とありますが、ここではどのようなことをいいますか。次の空欄にあてはまる内容を、十字以内で書きなさい。

> 蔡順が、桑の実を二種類に分けて、□□□□□□□□□□を与えようとした、ということ。

「孝行」は、もちろん「親孝行」のことだ。蔡順は「熟したるは、母に与へ、いまだ熟せざるは、わがため」に分類したのだね。この「熟したる」を答えればいい。

正解　母に熟した方の実

問4　次は、この文章を読んだあとの先生とSさんの会話です。空欄［Ⅰ］にあてはまる内容を、本文中から二十字で探し、そのはじめの五字を書き抜きなさい。

Sさん「先生、この文章を図書館で調べたところ、次の漢詩を見つけました。」

> 黒椹奉親闈
> （黒椹《こくじん》親闈《しんゐ》に奉ず）
> 啼飢涙満衣
> （飢ゑに啼《な》いて涙衣に満《み》つ）
> 赤眉知孝順
> （赤眉《しゃくび》孝順を知って）
> 牛米贈君帰
> （牛米君に贈って帰らしむ）

先　生「この漢詩は、文章と同じ題材についてよんだもので、文章の中に対応する部分があります。例えば、漢詩の『赤眉知孝順』は、文章の中のどの部分に対応しますか。ちなみに、『赤眉』は、ここでは『人を殺し、剝《は》ぎ取りなどする者ども』のことですよ。」
Sさん「わかりました。文章の中の『［Ⅰ］』の部分ですね。」
先　生「そうです。その通りです。」

『赤眉』が『人を殺し、剝ぎ取りなどする者ども』のことならば、『孝順』は『親孝行な蔡順』のことだろう、と推察できるね。そうすると、『赤眉知孝順』は『人を殺し、剝ぎ取りなどする者ども（が）親孝行な蔡順を知る』という意味だな、と見抜けるだろう。
『人を殺し、剝ぎ取りなどする者ども』は『心強き不道の者』であるから、「二十字」という指定に合致するのは、『心強き不道の者なれども、かれが孝を感じて』という個所しかない。

正解　心強き不道

「黒椹～」などという難しい漢詩が問いに出てくるが、その意味などがわからなくても、正解を答えることができるので、心配はいらないぞ。

【訂正とおわび】９月号の本稿31ページの最終問題の解答“Do you know what time is the festival going to start?”は、正しくは“Do you know what time the festival is going to start?”です。訂正しておわびします。（編集部）

学びの心で世界を変える。
●教科エリア・ホームベース型校舎＝完全移動式。●鶴見大学歯学部への推薦入学が可能。

■入試説明会
10月14日（土）14:00～15:30
11月25日（土）14:00～15:30

■公開イベント
体育祭　9月30日（土）9:00～15:00
文化祭11月　4日（土）・5日（日）9:00～15:00

鶴見大学附属高等学校
〒230-0063 神奈川県横浜市鶴見区鶴見2-2-1
●京浜急行花月園前駅より徒歩10分 ●JR鶴見駅より徒歩15分
045（581）6325　http://www.tsurumi-fuzoku.ed.jp/

かえつ有明高等学校［共学校］

KAETSU ARIAKE Senior High School

2020年度大学入試改革に すでに対応している かえつ有明の 高校入学クラス「新クラス」

「学ぶ」ことを見直す かえつ有明の教育

次の大学入試の問題をご覧ください。

「江戸時代後期の日本は人口が3000万人程度であったと言われる。ところが、近代化とともに人口は急増し、（中略）昭和の戦時期においては7000万人程度になっていた。戦争の惨禍を挟んでも日本の人口は増加を続け、1億2000万人を超えるようになった。しかしながら、近年になると人口は減少に転じ、今後もこの傾向が継続するという推計がある。こうして、にわかに「人口減少」が大きな関心を集めている。

このようななかで、一方では、人口減少に危機感を覚え、さまざまな人口増加対策が必要であるという声がある。他方で、人口減少は問題ではなく、むしろ望ましいという見方もある。あるいは、人口減少は望ましくないとしても、それを食い止めることはできないのだから、人口減少を与件として対策を考えるべきだという見方もある。

人口問題に関しては、古今東西、さまざまな議論がある。地球規模でみれば、途上国を中心に「人口増加」が今も大きな問題であり続けている。また、近代日本においても、むしろ「過剰人口」が課題とされた時期があった。戦後日本では、高度成長期には、「過疎と過密の同時進行」という地域ごとのアンバランスが問題とされ、また、1980年代からは、「高齢化」という高齢者人口比率の増大がクローズアップされてきた。

そこで、グループ・ディスカッションにおいては、「人口問題とはいかなる意味で問題か」を議論してほしい。その際には、人口問題を「問題」だとする考え方の前提にまで立ち返って、検討を加えてもらいたい。反対に言えば、人口問題を「問題」だとしない考え方にも、どのような前提が潜んでいるのかを明らかにして、議論を深めてもらいたい」。

これは東京大学法学部の推薦入試の問題です。課題文を読んだあとにグループでディスカッションをしている様子を試験監督が採点するのです。

中学までの学習でも話題にできることはいくつかあります。高校で習うことをベースにすれば、さらに答えることは増えます。

しかし、それだけでは合格までは届かないでしょう。

では、なにが必要なのでしょうか。それは、(1)十分な知識・技能、(2)それらを基盤にして答えが1つに定まらない問題に自ら解を見出していく思考力・判断力・表現力等の能力、そして(3)これらの基になる主体性を持って多様な人々と協働して学ぶ態度、とされています。

これは文部科学省のいうところの学力の3要素です。

従来であれば(1)十分な知識・技能があれば高校までの卒業には十分でしたし、大学入試もこの範囲で問われていました。しかしこれからは、(2)それらを基盤にして答えが1つに定まらない問題に自ら解を見出していく思考力・判断力・表現力等の能力、そして(3)これらの基になる主体性を持って多様な人々と協働して学ぶ態度までが問われるとされています。東京大の推薦入試の問題は、まさに学力の三要素を問うた問題なのでしょう。

では、どうすればこの力が身につくのでしょうか。

そこで、かえつ有明高等学校（以下、かえつ有明）の高校入学クラスでは、まず「学ぶ」ということから見直します。

「学ぶ」や「学校」というと、中学生のみなさんはどのようなイメージを思い浮かべるでしょうか。まず教室が出てきて、教室が出てくると黒板が出てきて、黒板が出てくると、先生の板書を必死で写している自分たちが出てこないでしょうか。

帰国生も多い、グローバルな環境

全国大会出場の部活も多数

イギリスの教育センター

アクティブに思考する授業

中学までであれば、学力の３要素の⑴十分な知識・技能を身につけるにはこのスタイルも正しいと言えます。しかし3年後に、残りの2要素である思考力・判断力・表現力並びに主体性を持って多様な人々と協働して学ぶ態度まで身につけるとなるとそうはいきません。

「学ぶ」ことを「学び」に変えるケンブリッジ研修

そこで、かえつ有明の高校入学クラス「新クラス」では、入学後すぐの5月にイギリスのケンブリッジに行きます。そこにある学園の教育センターで「学ぶ」ことを学びにいきます。環境を変え、言語を変えることで、既成の概念のすべてを見直します。学ぶということそのものを学びます。黙って聞くことから、自分の頭のなかをいかにアクティブにし、人の話をいかに能動的に聞くかを学びます。聞こえてくるのは英語ですから、聞き取るのも必死になる様子を想像してもらえると思います。

午後にはケンブリッジの街中に出ます。ケンブリッジには、ニュートンが万有引力を見出したと言われるリンゴの木がいまでもあります（本来の木の子孫）。その木を見ながら、自分のこれからを考える時間があります。

また日本でも有名な企業の訪問などを行い、日本とイギリスの文化の違いを経済の面から学びます。

夜にはホームステイを行い、昼間体験したことをファミリーで話をしたりもします。また日記をつけることで、その日の学びを振り返ります。

この午後と夜の体験を、翌日学校に持ち寄り、グループでの活動を行います。

このサイクルのなかで、学力の3要素のすべてを学んでいきます。さらに英語力も磨かれるので、イギリスまで行く意義は大きいでしょう。観光や語学学習とは異なる学びが、かえつ有明のケンブリッジ研修にはあります。

高2で行く修学旅行もこのような学びのなかにありますので、行き先も生徒と先生とで決めていきます。どのようなプログラムの修学旅行になるかは入学してからのお楽しみです。少なくとも、決められたコースではありません。

School Information

学校説明会
※要予約
10月21日（土）　14：30～
11月 3日（金祝）10：00～
11月25日（土）　14：30～
12月 2日（土）　14：30～

入試体験会（中3対象）
※要予約
11月25日（土）　9：00

かえつ文化フェスタ
9月23日（土祝）10：00～
9月24日（日）　10：00～

住所　：東京都江東区東雲2-16-1
電話　：03-5564-2161
URL　：http://www.ariake.kaetsu.ac.jp/
アクセス：りんかい線「東雲駅」徒歩8分

Wase-Aca Teachers

東大入試突破への現国の習慣

田中コモンの今月の一言!

周りが見えなくなることがあります。意識して気を散らすことも必要です。

田中《たなか》 利周《としかね》先生

早稲田アカデミー教務企画顧問

東京大学文学部卒。東京大学大学院人文科学研究科修士課程修了。文教委員会委員。現国や日本史などの受験参考書の著作も多数。

慇・懃・無・礼?!
今月のオトナの四字熟語「軌道修正」

このコーナーに何度か話題を提供してくださっている筆者の友人に、とある禅寺のご住職がいらっしゃいます。お寺のお坊さんというと、皆さんはお年をめした方というイメージを抱くかもしれませんが、このご住職は小さなお子さんもいらっしゃって比較的若いのです。といっても筆者と同い年ですから、世間的には若いという範疇《はんちゅう》には入らないのですが、お寺の世界では若手で通ってしまいます。学問や政治の世界でも40代はまだまだ「鼻たれ小僧」の扱いですから、本家本元の僧侶の世界でしたら、なおさらそうだと言えるのではないでしょうか。そんな若手と目されているお坊さんだからなのか、かなり無茶なお願いが舞い込んだのだそうです。

「バンジージャンプを飛んでくださらないですか?」。テレビ局のディレクターがやってきて出演の依頼をされたそうです。面白そうだから「いいですよ!」とオッケーしたと言うのですが、依頼するほうも依頼するほうですがオッケーするほうもオッケーするほうです（笑）。「何が目的の企画だったんですか?」とたずねると、禅の修行をしているお坊さんは一般人と違って、どんなことがあったとしても平常心でいられるのかどうか? を検証する実験を行いたいという趣旨だそうで、初めてバンジージャンプを体験する一般人とお坊さんとで、その様子についてテレビカメラを通して比較するというのです。「平常心でいられるかということを試すなら、何もバンジージャンプでなくてもいいのでは…」と筆者は思うのですが、テレビ的にはそれが面白いということになるのでしょう。バラエティー番組で、ヘルメットにカメラを仕込んだ芸人さんがバンジージャンプを飛び降りるシーンというのは筆者にも見覚えがありますから。

結果はどうなったかと言いますと、心拍数などの数値データもとって比較がなされたそうなのですが、見事にお坊さんの方が「落ち着いている」ということが証明されたそうです。筆者は番組を観たわけではないのですが、話を聞いているだけで興味がわいてきまして、せっかくの機会? ですから、どうやって平常心を保ったのかうかがってみました。すると「うまく軌道修正することが大事なんだと思いますよ」というお返事。軌道修正? 何ですかそれは! バンジージャンプを飛んでから方向を変える工夫をしたんですか?! 文字通り「軌道を修正する」という意味で受け取った筆者は驚いて声をあげてしまったのですが、ご住職からは「いえいえ、そうではなくて心のありようの問題ですよ」とのお答え。一体どういうことなのでしょうか。

「高い所から飛び込むのですから、それは怖いですよ」。修行の成果で高い所も平気になって恐怖心も消え去った、ということではないそうです。恐怖も感じるし、緊張もするとのこと。では一般人と何が違うのでしょうか。筆者がその場に置かれたら、次から次へと頭の中で考えが巡って収拾がつかなくなると思います。「この高さから飛び込む。何もつけていなければ命を落とすことになる。でも丈夫なゴムがついているから大丈夫。でもそのゴムが外れたり切れたりしたら。下には岩場も見える。ぶつかったら命を落とす。でもちゃんと点検しているはずだから。でも点検を怠っていたら。やはり命を落とす。でも死にたくない。だったら飛ぶ必要はない…」ものすごい集中力を発揮しながら「でも、でも、でも」と際限なく思考が空回りを続けることでしょう。そうした思考回路にはまり込まずにうまく抜け出すことはできるのだ！　と、ご住職はおっしゃるのです。そしてそれを「軌道修正」と表現されたのでした。

恐怖や緊張から思考が一点に集中して凝り固まってしまう。そうした精神状態を解きほぐすためには、「集中」の反対である「分散」を使うのだそうです。決まりきった考え（この場合「落ちたら死ぬ」という考え）に集中してしまうと、何を見ても聞いても触っても、「やっぱり命を落とす」ということに結び付けてしまいます。そうではなくて、自分をとりまく環境から様々な情報を受け取った上で、ちゃんと分けて整理すること。自分の外にあるものからの影響をシャットアウトして内にこもって集中するのではなく、ちゃんと見えるもの、聞こえること、触ってわかることなど、それぞれきちんと確認をするのだそうです。

「初めてバンジージャンプを飛ぶのですから、当然インストラクターの方がついてくれます。まずはその方の話をしっかりと聞くこと。そして周りの景色をよく見ること。命綱のゴムもちゃんと触って確認をすること。一つひとつ立ちどまるように、あえて気持ちを散らすのです」。筆者も納得しました。生徒に対して「集中しろ！」と声をかけることはあっても「気を散らせ！」と言ったことはありませんでしたが、皆さんもマイナス思考の無限ループにはまり込んでしまったら、気を散らして軌道修正を試みてくださいね、とアドバイスさせていただきます。ご住職ありがとうございました！

グレーゾーンに照準！ 今月のオトナの言い回し 「満を持して」

「まんをじして」と読みます。「満」は訓読みすると「み（ちる）」「み（たす）」となるように「みちること」「いっぱいになること」を意味する漢字です。また「持する」というのは「手に持つ」「ある状態を保つ」という意味です。「満を持して」の本来の意味は「弓をいっぱいに引き絞ったままの状態を維持して、放つ瞬間を待つ」ということであり、転じて「十分に準備をしてベストな状態で機会を待つ」という意味になります。

大きなスポーツイベントがある度に、誰かしらアスリートに注目して、このコーナーで紹介してきた筆者ですから、「やっぱり！　必ず言及すると思っていました」と予想されていたかもしれません。「満を持して」という言い回しを掲げたところで、「あの人のことでしょう！」と的中されたかもしれません。今回取り上げたいのは、先月ロンドンで開催された陸上の世界選手権、男子４００メートルリレー決勝のお話です。多田修平選手、飯塚翔太選手、桐生祥秀選手、藤光謙司選手で構成された日本チームは、予選タイムよりも縮めた38秒04をマークし、昨年のリオデジャネイロ五輪銀メダルに続く表彰台を確保し、世界選手権では初のメダルとなる銅メダルを獲得したのでした！

「満を持して」登場したというのは、決勝でアンカーを務めた藤光選手のことですね。日本が銀メダルに輝いた昨年のオリンピックでも、控えに回っていた経験を持つ藤光選手です。「昨年は支える側、今年は走る側。両方経験して改めて6人で取ったメダルなんだなと実感しました」と、感慨深げに競技後のインタビューにこたえていらっしゃいました。

藤光選手は今大会も予選では補欠に回っていました。ところが決勝の舞台で突然、ケンブリッジ飛鳥選手に代わって最終走者を担当して欲しいと日本陸上競技連盟の苅部俊二コーチから告げられたのです。それは決勝のレース開始の6時間前だったとのこと。メダルへの期待がかかった競技です。リオ五輪の代表を外しての登場で、しかもアンカーという重圧。それでも「お任せください！」と満を持して走りぬけ、メダル獲得という結果までたたき出したのでした。

先ほど「40代では鼻たれ小僧」と書きましたが、アスリートについては、また別の次元の話になるでしょう。31歳と陸上競技の世界では決して「若手」とは言えない藤光選手です。昨年のリオ五輪からずっと弓を引き絞って構えてきたベテランの意地を感じました。こんなに見事に「満を持して」を体現してくださったことに敬意を表したいと思います！

続いて、三角形の相似の証明と面積比に関する問題です。

問題2

図1のように, △ABCの辺AB上に点Dをとり, 辺AC上にBC//DEとなる点Eをとる。また, 線分BD上に点Fをとり, 線分AD上にAC：AE＝BF：DGとなる点Gをとる。

図1

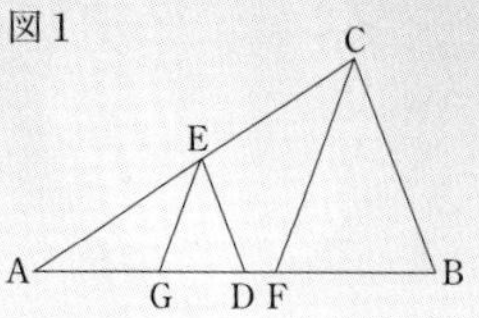

図2

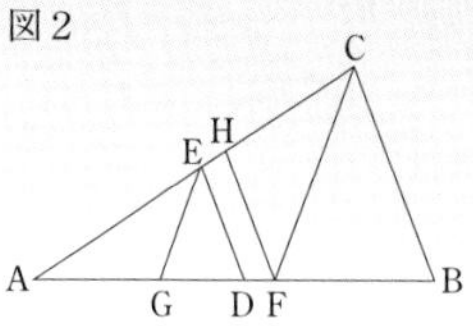

次の(1), (2)に答えなさい。

(1) △BCF∽△DEGであることを証明しなさい。

(2) 図2は, 図1の辺AC上に, DE//FHとなるように点Hをとったものである。AG：GD＝3：2のとき, △AFHの面積は△FBCの面積の何倍か。求めなさい。 (山口県)

＜考え方＞

(1) 2つの三角形は、次の条件を満たすとき相似になります。

① 3組の辺の比がすべて等しい

② 2組の辺の比とその間の角がそれぞれ等しい

③ 2組の角がそれぞれ等しい

(2) 線分比と面積比については、次の関係が成り立つので覚えておきましょう。

【図ア】

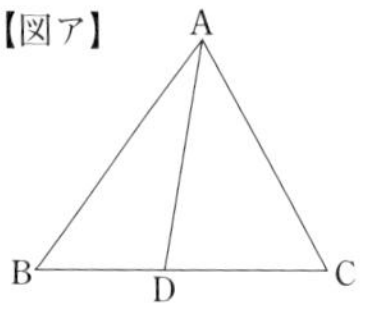

① 図アにおいて、

△ABD：△ACD＝BD：CD

〔解説〕2つの三角形は、頂点Aが共通ですから、高さが等しいため、面積は底辺BD、CDの長さに比例することになります。

【図イ】

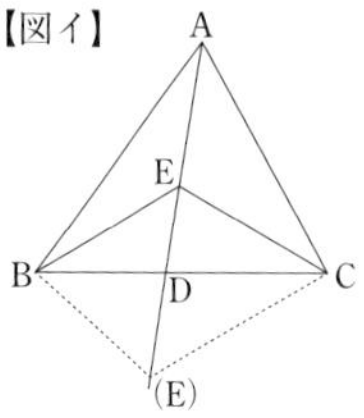

② 図イにおいて、

△ABE：△ACE＝BD：CD

(点Eは直線AD上の点)

【図ウ】

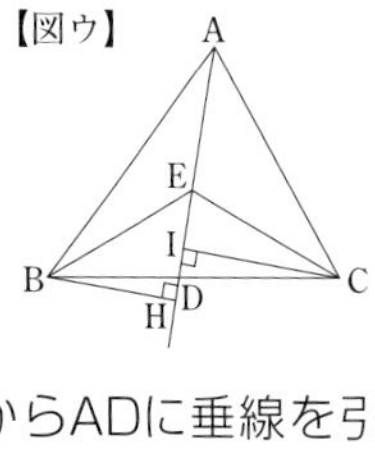

〔解説〕図ウのように頂点B、CからADに垂線を引き、交点をそれぞれH、Iとすると、△BHD∽△CIDより、BH：CI＝BD：CD …（＊）

△ABEと△ACEにおいて、底辺AEが共通だから、面積は高さBH、CIに比例するので、（＊）より△ABE：△ACE＝BD：CDが成り立ちます。

＜解き方＞

(1)＜証明＞ △BCFと△DEGで、

BC//DEより、同位角は等しいので、

∠FBC＝∠GDE ……①

また、BC//DEだから、

AC：AE＝BC：DE ……②

仮定より、AC：AE＝BF：DG ……③

②、③より、BC：DE＝BF：DG ……④

①、④より、2組の辺の比とその間の角がそれぞれ等しいので、

△BCF∽△DEG

(2) 仮定より、AC：AE＝BF：DG ……⑤

(1)より、△BCF∽△DEGだから、EG//CF

よって、AC：AE＝AF：AG ……⑥

⑤、⑥より、AF：AG＝BF：DG ……⑦

仮定より、AG：GD＝3：2だから、AG＝3a、GD＝2aとすると、⑦より、

AF：3a＝BF：2a

これより、AF：BF＝3a：2a＝3：2 ……⑧

よって、△FBC：△ABC＝FB：AB

＝2：(3+2)＝2：5

したがって、△ABCの面積をSとすると、

△FBC＝$\frac{2}{5}$S ……⑨

また、仮定よりBC//FHだから、△AFH∽△ABCで、その相似比は⑧より3：(3+2)＝3：5

相似な図形について、その面積比は相似比の2乗に比例するので、

△AFH：△ABC＝3^2：5^2＝9：25より、

△AFH＝$\frac{9}{25}$S ……⑩

⑨、⑩より、△AFH：△FBC＝$\frac{9}{25}$S：$\frac{2}{5}$S＝9：10

したがって、△AFHの面積は△FBCの面積の**$\frac{9}{10}$倍**

今回の例題のように、線分の長さの比と面積の比の関係を使って問題を解くためには、比の扱い方にも慣れておく必要があります。さらに、相似の利用は、このあと学習する三平方の定理とともに、線分の長さ、図形の面積や体積を求めていく場合に、必要不可欠な考え方です。

また、関数や円との融合問題も多く出題されますので、まずは基本をしっかり身につけたうえで、多くの問題にあたって、色々な解法のパターンを知っていくことがとても大切です。

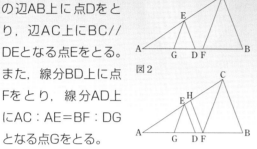

楽しみmath数学！DX

図形の相似とその応用を利用した問題は比の扱い方が重要に

登木 隆司先生

早稲田アカデミー　第一事業部長
兼 池袋校校長

今月は図形の相似とその応用について見ていきましょう。

初めに、平行四辺形の辺の長さを決まった比に分ける点が与えられて、これをもとに線分の比を求める問題です。ここでは、補助線の引き方がポイントになります。

問題1

右の図において，四角形ABCDは平行四辺形であり，点Eは辺ADの中点である。

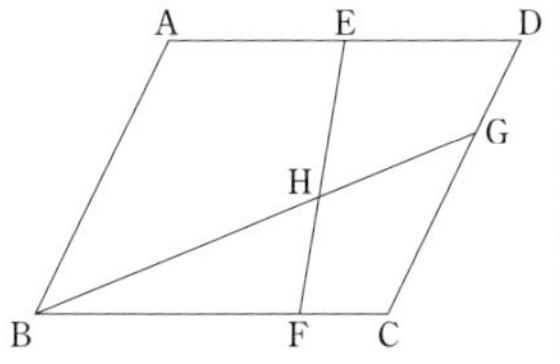

また，点Fは辺BC上の点で，BF：FC＝3：1であり，点Gは辺CD上の点で，CG：GD＝2：1である。

線分BGと線分EFとの交点をHとするとき，線分BHと線分HGの長さの比を最も簡単な整数の比で表しなさい。　（神奈川県）

<考え方>

線分を延長したり、交点から平行線を引いたりして、相似な三角形を作ります。

<解き方>

図のように、辺ADの延長と線分BGの延長の交点をIとする。

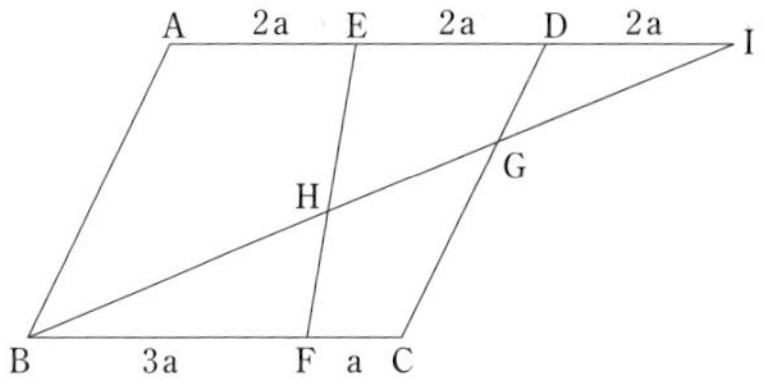

△BCG∽△IDGだから仮定より、

BG：IG＝CG：DG＝2：1　……①

AD＝4aとおくと、仮定より、AE＝ED＝2a

平行四辺形の対辺は等しいから、BC＝4a

BF：FC＝3：1より、BF＝3a

△BCG∽△IDGで、相似比が2：1だから、

DI＝$\frac{1}{2}$BC＝2a

よって、△BFH∽△IEHより、

BH：IH＝BF：IE＝3a：(2a+2a)

＝3：4　……②

①、②より、

BH：HG＝BH：(BG−BH)

＝$\frac{3}{7}$BI：($\frac{2}{3}$BI−$\frac{3}{7}$BI)

＝$\frac{3}{7}$BI：$\frac{5}{21}$BI＝**9：5**

★2018年度より、新4コースをスタートします。

ハイブリッドインターナショナルコース

ハイブリッドサイエンスコース(医歯薬理工)

ハイブリッド文理先進コース

ハイブリッド文理コース

工学院の21世紀型教育

PBL・PIL型アクティブラーニング●問題解決型、討論型授業の導入。

ICT●電子黒板とWi-Fiの完備。ICTの授業活用。

思考コード●本校独自の「思考コード」を開発。課題到達度を示すA1～C3の9段階で、教育目標を示す。

探究論文●1年生から2年生にかけて各自のテーマで「探究論文」を作成。

学校説明会 会場:本校(予約制)

第1回	9月16日(土)	14:00～
第2回	10月21日(土)	14:00～
第3回	11月11日(土)	14:00～
第4回	11月23日(木・祝)	14:00～
第5回	12月 2日(土)	14:00～

主な内容:学校・入試概要、校舎見学、個別相談

夢工祭(文化祭)

9月23日(土・祝)～24日(日)
10:00～15:00

※進学相談コーナーあり

体験学習・入部・思考力セミナー(予約制)

10月 7日(土) 14:00～

予約は本校ホームページより受け付けております。

5つの駅よりスクールバスを運行しています。

●新宿駅西口(工学院大学前)
●JR八王子駅南口
●京王線北野駅 ●京王線南大沢駅
●JR・西武線拝島駅

工学院大学附属高等学校
HIGH SCHOOL OF KOGAKUIN UNIVERSITY
TEL 042-628-4911
FAX 042-623-1376
〒192-8622 東京都八王子市中野町2647-2 http://www.js.kogakuin.ac.jp/

英語で話そう！

川村 宏一先生
早稲田アカデミー　事業開発部
英語研究課 上席専門職

朝がちょっぴり苦手な中学３年生のサマンサは、父（マイケル）と母（ローズ）、弟（ダニエル）との４人家族。

この夏、４人での旅行中のこと。今夜の夕食について、両親からホテルのフロント係に尋ねて、お店を自分で決めていいよ、と言われてフロントにやってきました。

Samantha：Excuse me? Do you know any good restaurants around here? …①
サマンサ　：すみません。このあたりにある、いいレストランを知っていますか？

Clerk：If you like French food, there is very good one.
係員　：もし、フランス料理がお好きでしたら、とてもいいところがありますよ。

Samantha：I'd like to try the restaurant if it's not very expensive.
サマンサ　：あまり値段が高くないのだったら、そのレストランに行ってみたいです。

Clerk：That fits well. Their prices are reasonable. …②
And don't miss ordering dessert. They serve delicious cake. …③
係員　：それならぴったりですよ。お値段はお手ごろです。そして、デザートの注文をお忘れなく。おいしいケーキを出していますから。

Samantha：Great. Thank you very much!
サマンサ　：いいですね。ありがとうございました！

今回学習するフレーズ

解説①　around ～	「～の近くに、～のあたりに」 (ex) He lives somewhere around Los Angeles. 「彼はロサンゼルス近辺に住んでいる」
解説②　reasonable	「妥当な、適正な」(※「安い」という意味ではない) (ex) The price of the ring is reasonable. 「この指輪の値段は妥当だ」
解説③　miss ～	「～を逃す、～をしそこなう」 (ex) Don't miss seeing the movie on TV tonight. 「今晩のテレビの映画を見逃してはダメだよ」

國學院《こくがくいん》高等学校

緑豊かな神宮外苑の杜にある國學院高等学校（以下、國學院）。
今年、国公立・早慶上理に115名、GMARCHに442名が合格！

付属校&進学校

國學院は併設中学校のない高校単独の共学校で、1学年は約570名、全学年で約1700名の生徒が在籍する都内でも有数の大規模校です。付属校でありながら、毎年約8割の生徒が他の難関大学を目指す進学校でもあり、青山という立地条件のよさも伴ってか、受験生には大変人気のある私立高校の一つです。また、大規模校だからこそ、〝心の教育〟にも力を入れており、生徒一人ひとりの悩みや不安に親身に寄り添いながら、それぞれの進路希望に合わせたきめ細かな生活指導・進路指導が行われています。

その結果、今年（2017年）の大学入試では過去10年で最高の実績（国公立・早慶上理115名、GMARCH442名など）を挙げました。特にGMARCH442名合格という数字は、都内でも第2位の実績です。

國學院では高校募集時に、他の進学校にあるような特進コースや選抜コースといったコース区分がないため、新入生は皆同じ教育環境のもとで安心して高校生活をスタートすることができます。そのため各学年とも生徒同士の信頼関係が厚く、伝統的に穏やかな校風がみられます。また、素直で真面目な生徒が多いのは、何事に対しても基本を大切にする國學院の特長の一つと言えます。

真面目で穏やかな校風

きめ細かな学習指導体制

1年次はコース区分がないため、全員が同じ試験をクリアし、同じレベルの教育を受けるのですが、どうしても学年を追うごとに少しずつ学力の差が生じてきます。そのため多様な学習状況にある生徒全員に対して、その学力や能力に合わせたカリキュラムを設定し、数多くの学習オプションなども導入しています。

2年次からは、文・理いずれかの

コースを選び自分の希望進路に沿った学習内容となります。文系には難関大学を目指す「チャレンジクラス」を設置し、ハイレベルな受験指導を行っています。

また長期休暇中には外部講師を招き、2・3年生を対象とした短期講座を開講しています。英語のレベル別講座や大学入試向けの小論文対策講座など教科書レベルから難関大入試レベルまで講座の種類は豊富に用意されています。生徒はそれぞれのニーズに合わせた講座を選択できるため人気の高い講座となっています。

そして授業や各種講座と並行して担任によるきめ細かな個人面談を実施することで生徒たちの大学受験へのモチベーションが高まり、自らの進路目標を設定し主体的に学習に取り組むようになっていきます。

海外語学研修は観光も充実しています（カナダ・バンクーバー）

4技能育成の英語教育

國學院では数年前から4技能育成の英語教育に力を入れており、2020年度（平成32年度）からの大学入試改革への対応も万全です。

(1) 英検受験

全員が卒業までに英検2級を取得することを目標に1・2年生に年3回（3年生は1 or 2回）の受験を必修にしています。受験対策として年6回開講される英検対策講座から1年生は3回、2年生は2回選択し、しっかりと対策を行ってから英検受験に臨みます。数年前からこの取り組みを行っているため、すでに多くの大学入試で採用されている英検等の外部試験にも対応可能です。

(2) 海外語学研修

夏季休暇中に約2週間、オーストラリアまたはカナダでホームステイをしながら実施されます。1年生は英語習得や異文化体験だけでなく日本文化を紹介しながら異文化交流も図ります。2年生は高い英語力の習得を目的として現地語学学校に通い、ディスカッションやプレゼンテーションに必要な英語力を習得します。希望者はほぼ全員が参加でき、今年の1年生はオーストラリアに70名、カナダに70名が参加します。

体育祭では先輩・後輩の絆が深まります

(3) 短期留学

推薦等で進路が決定した3年生を対象に、大学入学までの期間を有効に活用して欲しいと、3年生の1月から2ヵ月間実施される留学制度です。オーストラリアやカナダで実施され、現地生徒と同じ授業に参加し英語力を磨きます。昨年は6名が参加し、今後さらに拡大する予定です。

バランスのよい3年間

学習の面だけをご紹介してきましたが、國學院ではクラブ活動、体育祭や文化祭などの学校行事にも積極的に参加することを奨励しています。

「校長が、朝礼などで〝頭は文化的に、体は野性的に〟という言葉をよく使って話をします。この言葉には、高校3年間を楽しく過ごすために、勉強だけでなく学校行事やクラブ活動にもバランスよく熱中しようという意味が込められています。國學院では、このバランス感覚を大事にしており、全員が同じ船に乗っている仲間として無事に志望する進路に進んで欲しいと考えています。そのために教員全員、少しの努力も惜しむことはありません」と、入試部長の幸松世剛先生に熱く語って頂きました。

高校の3年間、勉強に、スポーツに、そして学校行事に思いっきりチャレンジしてみたいと思っている受験生の皆さん、ぜひ一度、國學院を見学に行かれてみてはいかがですか。

國學院高等学校（共学校）
〒150-0001
東京都渋谷区神宮前2-2-3
Tel 03-3403-2331
http://www.kokugakuin.ed.jp

■学校説明会
10月21日(土)①10:30～／②14:30～
11月11日(土)14:00～
11月25日(土)14:00～
12月 2日(土)14:00～

■文化祭
9月17日(日)・18日(月)

みんなの数学広場

初級～上級までの各問題に生徒たちが答えています。
どの生徒が正しい答えを言っているか当ててみよう。
もちろん、当てずっぽうじゃなく、実際に問題を解いてみてね。

TEXT BY **かずはじめ** | 数学を子どもたちに、楽しく、わかりやすく、使ってもらえるように日夜研究している。好きな言葉は、"笑う門には福来る"。

問題編

答えは54ページ

上級

７人がけの円卓に男子４人（A、B、C、D）と女子３人（E、F、G）が座るとき、Cの隣が男子と女子である座り方は何通りですか。

A
答えは…
9通り
実際に書いてみたよ。

B
答えは…
216通り
ちゃんと計算したよ。

C
答えは…
432通り
図に書いたり計算したり。

自分を育てる、世界を拓く。

■学校説明会　本校および後楽園キャンパス５号館
10/21(土) 14:00～　11/19(日) 14:00～
12/ 9(土) 14:00～　※いずれも申込不要

説明会後、入試問題解説を行います
10/21(土) 英語：リスニング問題解説（一般入試）
11/19(日) 数学：図形（推薦・一般入試）
12/ 9(土) 英語：リスニング問題解説（一般入試）
数学：文章題（一般入試）
学校見学は随時受け付けております。ご希望の方は、お電話でご連絡下さい。

「生徒会主催」学校説明会
11/11(土) 14：00～【完全予約制】
＊詳細は本校HPでご確認下さい。

中央大学高等学校
〒112-8551 東京都文京区春日1-13-27　☎03(3814)5275(代)
http://www.cu-hs.chuo-u.ac.jp/
東京メトロ丸ノ内線・南北線「後楽園駅」下車徒歩５分 / 都営三田線・大江戸線「春日駅」下車徒歩７分 / JR総武線「水道橋駅（西口）」下車徒歩15分

中級

ある細胞は特殊なビンのなかに入れた瞬間から細胞分裂を起こすそうです。

この細胞分裂は、特殊なビンに入れた瞬間から１分後に２個、２分後に４個、３分後は８個というように、１分間に２倍に増殖するとします。

この細胞がビン一杯になるのに１時間かかるならば、細胞の量がビンの半分になるのは、この細胞を特殊なビンのなかに入れた瞬間から何分後でしょうか。

A
答えは…
15分
２乗に反比例するから。

B
答えは…
30分
半分だからね。

C
答えは…
59分
２倍がポイントだよ。

初級

ハジメ君とツグオ君がキャッチボールをしているときのこと。ハジメ君が投げたボールが、マンションの２階まであがってしまいました。ハジメ君が取りに行くと、戻ってくるのに30秒かかりました。

次にツグオ君も、投げたボールがマンションの４階まであがってしまったので、ツグオ君も取りに行きました。

２人の速さが同じだとすると、ツグオ君が戻ってくるまでに何秒かかりますか？

ただし、このマンションの各階までの階段数および各階の高さは同じとします。

A
答えは…
90秒
ちゃんと計算するとこうなるよ。

B
答えは…
105秒
２階で30秒なんだから、４階なら3.5倍だよ。

C
答えは…
120秒
４階なら４倍でしょう。

みんなの数学広場 解答編

上級

正解は C

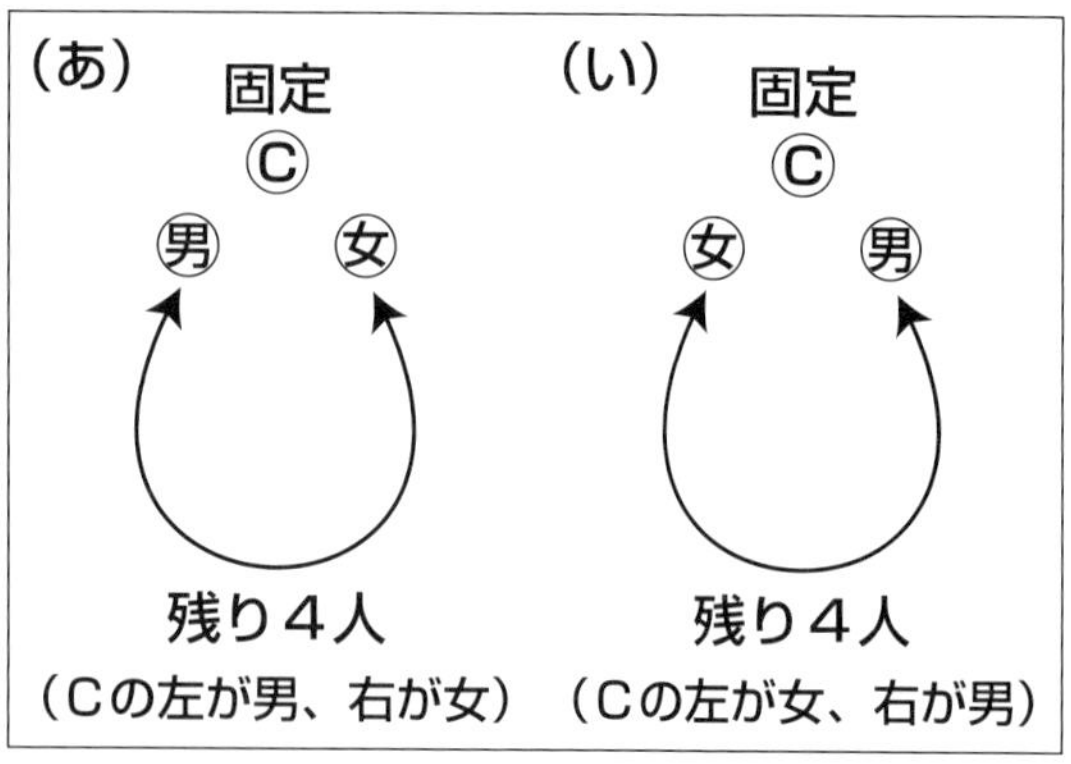

この問題は2017年度の同志社大の入試問題の一部です。
左の図のようにCの隣には男子と女子が来るのは（あ）（い）の２パターンありますから、（あ）の場合の数を求めて２倍すればＯＫです。
（あ）の場合、Cの隣に来る男子の選び方が３通り、Cの隣に来る女子の選び方が３通り、さらに、残り４人の並び方が４！＝４×３×２×１＝24通りあるので、（あ）の場合の数は３×３×24＝216通り。（い）も同じ場合の数なので、（あ）（い）を合わせて216×２＝432通りになります。

ちなみに…。

実際の問題は以下の通り。

「７人がけの円卓に男子４人（A、B、C、D）と女子３人（E、F、G）が座るとき、座り方は全部で□通りであり、その内、女子が隣合わない座り方は□通りである。

また、Aの隣が共に女子である座り方は□通りであり、Cの隣が男子と女子である座り方は□通りで、Gの隣にAが座らない座り方は□通りである。」

（答：順に720、144、144、432、480）

もしよかったら問題の続きにチャレンジしてみてください！

中級

正解は C

1分間に特殊なビンの中で2倍になるのですから、1分前が2分の1倍、つまり半分だったわけです。

A

2乗に反比例？
どうして？

B

30分前だと2分の1の30乗だから、ほとんど空っぽなんだ。

C

やったね!!

初級

正解は A

ハジメ君は1階→2階→1階を30秒で行きます。

つまり→が階段部分とすれば、この→1個が30秒÷2＝15秒です。

ツグオ君の場合は1階→2階→3階→4階→3階→2階→1階で、

→6個ぶんになりますから、15秒×6＝90秒です。

A

やったね!!

B

3.5倍ってどこから
出てきたんだろう。

C

「4」階だから「4」
倍ってこと？

グローバルリーダーを育てる

SGH
指定校

富《ふ》士《じ》見《み》丘《がおか》高等学校

女子校

２０１５年（平成27年）に創立から75周年を迎えた女子教育の伝統校・富士見丘高等学校。同じ２０１５年よりＳＧＨ指定校となり、新しい時代を生きる、豊かな知性と教養を備えた女性の育成をさらに推し進めています。

文科省よりSGHに指定

富士見丘高等学校（以下、富士見丘）は、２０１５年（平成27年）に文部科学省よりＳＧＨ（スーパーグローバルハイスクール）に指定を受けました。

以来、将来国際的に活躍できるグローバルリーダーの育成に努める学校として、従来の学校の枠を打ち破る新たな学校生活をデザインしています。

それは、

①グローバルイシューの理解とその解決に向けた情熱の向上を目指す、国内外の大学との高大連携プログラムの構築

②生徒の主体的な学びを実現し、他者と協働して課題を解決する力を養う21世紀型教育（アクティブラーニング）の実践

③課題解決のために海外の人々と交流し、英語で意見交換する力を養う英語発信力向上プログラム

の3つより構成されています。

富士見丘のＳＧＨプログラムの特徴は、

1、入学した生徒全員がこの教育を受けられること

2、探究力や英語での情報発信力を段階的に高める取り組みになっていること

にあります。一部の生徒のみのプログラムとして実施するＳＧＨ指定校もありますが、富士見丘では、すべての生徒がＳＧＨプログラムに挑戦していくのです。

高大連携プログラム

ＳＧＨ指定校の富士見丘が進めるプログラムの1つとして、高大連携プログラムがあります。富士見丘の考える高大連携とは、単に大学教授の特別講座を実施することではなく、大学との継続的なプロジェクトにより高校だけではなしえない最先端の学びを実現することです。

高1では、慶應義塾大学大学院メディアデザイン研究科の大川恵子教授による年間全8回のワークショップを実施。留学生が半数以上を占める大川研究室の大学院生20名が毎回来校し、グローバル課題を解決するためのグループワークやプレゼンテーションを行います。留学生とのコミュニケーションやＩＣＴを活用した主体的な学びは、生徒たちの視野を広め、グローバル課題に対する関心を確実に高めています。

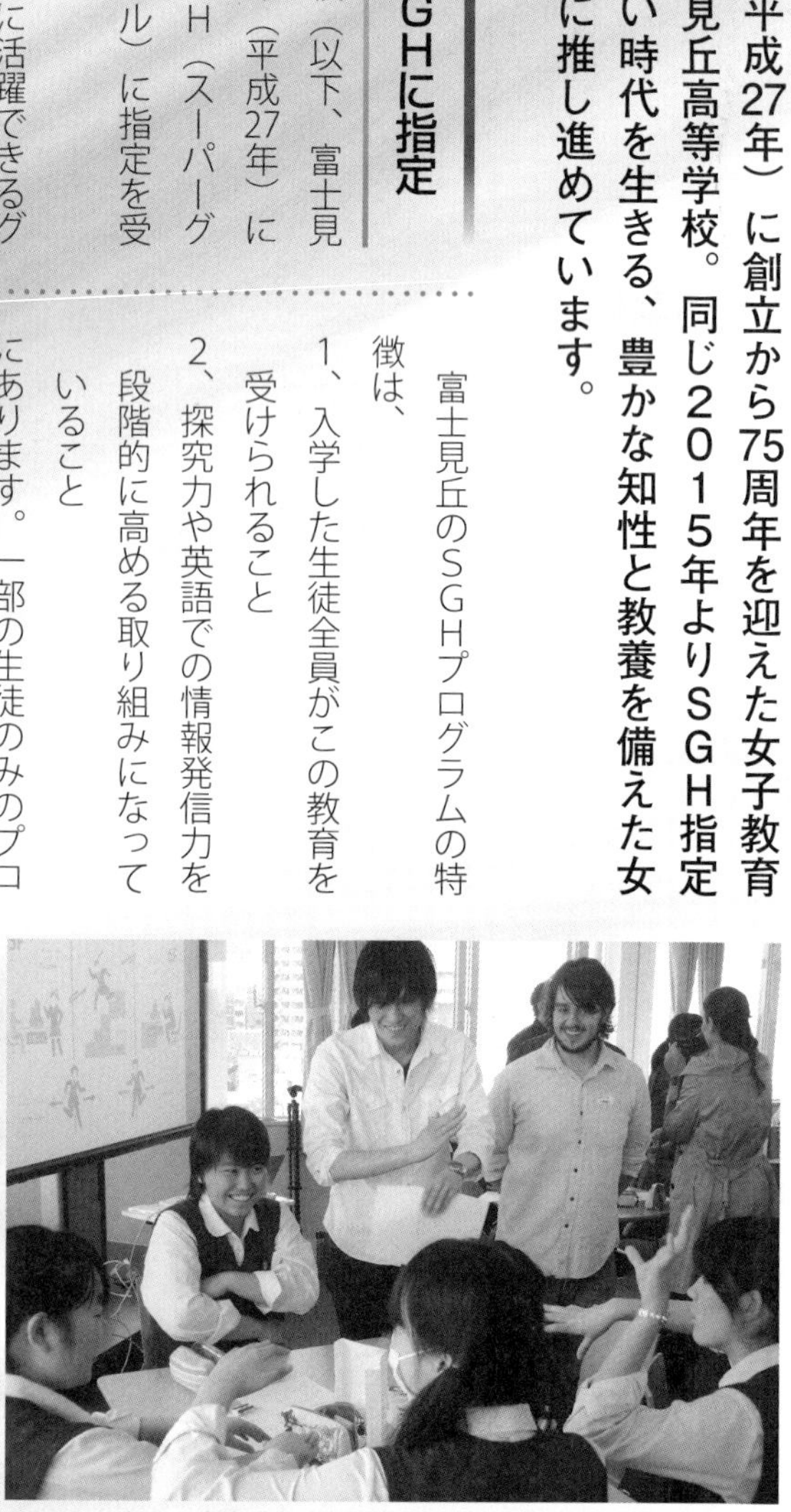

高１・慶應義塾大学院との高大連携プログラム

高2になると、「災害と地域社会」「開発経済と人間」「環境とライフスタイル」という3分野のうち自らが関心を持ったテーマについて、課題研究と海外フィールドワーク（台湾・シンガポール・マレーシア）を行うプログラムへと進みます。「災害」は慶應義塾大学環境情報学部の

大木研究室、「開発経済」はシンガポール経営大学の藤井研究室、「環境」は慶應義塾大学理工学部の伊香賀研究室と年間を通じて連携。専門的な視点によるアドバイスは高校の授業の枠をはるかに超えています。

英語4技能を伸ばす教育

さまざまな課題解決のために世界の人々と交流し、自分の意見を発信するためには、相応の英語力が求められます。富士見丘では、英語4技能（読む・聞く・話す・書く）をバランスよく伸ばす授業が準備され、とくに「話す」「書く」という従来の教育で弱点とされていた「発信力」を強化するプログラムを導入しています。

高2・マレーシアの高校生と環境問題を議論

スカイプを使って1対1でネイティブと英会話を行うオンラインスピーキング（高1～2、毎週）、ネイティブ教員によるテーマエッセイの添削（全学年、隔週）、辞書なしで英書を読み進めるExtensive Reading（多読）の授業など、多彩なプログラムを提供。全校生徒のうち20%を占める帰国生のうち、とくに英語力の秀でた生徒には、ネイティブ教員による取り出し授業（各学年・最大週6時間）も行われています。

こうした英語発信力の強化が実を結び、近年、英語によるプレゼンテーションコンテストや模擬国連などの大会で入賞する生徒が増加しています。

さまざまな海外研修制度

富士見丘には帰国生や海外姉妹校からの留学生が多いので、休み時間の教室で英語が飛び交うことも珍しくありません。こうした環境に刺激を受けた生徒は、英国短期留学、姉妹校への3カ月・6カ月留学などのさまざまな海外研修制度を利用することもできます。

英国短期留学は、長期休暇期間の約3週間、ホームステイをしながら、語学研修、アクティビティを行うもので、高1・高2の希望者が参加できます。また、イギリス・アメリカ・オーストラリアの姉妹校5校への3・6カ月留学は、現地校の授業を受けるために必要な英語力が認められた生徒が参加でき、年間約10名が選抜されています。短期留学、3・6カ月留学に参加する生徒は全校生徒の3人に1人であり、さらには全生徒が参加するアメリカ西海岸修学旅行が高2の秋に実施されます。

富士見丘の生徒にとって留学や海外研修は決して特別なものではなく、校内外で多彩な国際交流が行われています。

SGH甲子園・英語プレゼンテーションの部で優秀賞

School Information

所在地　東京都渋谷区笹塚3-19-9
TEL　03-3376-1481
URL　http://www.fujimigaoka.ac.jp/
アクセス　京王線「笹塚駅」徒歩5分

学校説明会日程

●高等学校説明会

10月1日（日）　10：30～11：30
（文化祭　10：00～15：00）

10月29日（日）　13：00～14：00
（在校生懇談会＆個人相談会
14：00～15：00※要予約）

11月23日（木祝）・12月2日（土）
両日とも13：00～14：00
（入試問題傾向と対策　14：00～15：00、
個人相談会　15：00～17：00※要予約）

●冬休み学校見学会　※要予約

12月26日（火）・12月27日（水）
10：00～／11：00～／14：00～／15：00～

先輩に聞け！

大学ナビゲーター

社会で役立つ力を特徴的なプログラムやゼミを通して学んでいます

立教大学

経営学部　経営学科　2年生

保《ほ》坂《さか》 里《り》菜《な》さん

経営学部独自の特色あるプログラム

——なぜ立教大の経営学部経営学科を志望したのですか？

「中高時代、卒業生を数人招いて話を聞くという催しがありました。そのなかに会社でマーケティングや商品開発に携わる方がいて、その仕事が楽しそうだったのでマーケティングに興味を持ちました。立教大の経営学部はグループワークが多いと聞いたので、人と話すのが好きな私はグループワークで知識を深めていきたいと思ったんです。」

——立教大の魅力はなんですか？

「経営学部がある池袋キャンパスは、池袋にあるのに緑豊かで落ち着いた雰囲気なのが魅力です。あと、食堂が映画『ハリー・ポッター』に出てくるホグワーツ魔法魔術学校の食堂に似ているところも気に入りました。しかも安くておいしいメニューがそろっていて、週替わりのスペシャルランチもあります。ちなみに私のおすすめはカツ丼です。」

——グループワークが多いそうですが、どんなことをしていますか？

「経営学科の1・2年生は、4～5人のチームに分かれて、企業から与えられた課題の解決策を考えたりするビジネスリーダーシッププログラム（BLP）を履修します。

入学前のウェルカムキャンプ（1泊2日）でチームの仲を深めたあと、『日本の食が豊かになるために、吉野屋ホールディングスができることを提案してください』という課題に取り組みました。まずは吉野屋ホールディングスが展開する牛丼チェーン『吉野屋』、うどんチェーン『はなまるうどん』、回転寿司チェーン『海鮮三崎港』などを訪れて、各店の特色をリサーチしました。

それからチーム内で何度も議論を重ね、『海鮮三崎港』で握り寿司の体験をしてもらう、という外国人をターゲットにしたプランを提案しました。でも、1年生の前期ということもあり、反省点も色々ありました。コストに対して利益がどれくらい見込めるのか、外国人が本当に来るのかどうか、というところまでは考えがおよばなかったんです。

後期には、チームごとに『論理思考とリーダーシップ』をテーマに、自分の考えを他人にうまく伝えるための方法について考えを深め、最終的に高校生を相手に授業を行いました。そして、2年生の前期では、ま

クリスマスが近づくと、大学の入り口にある大きな木が点灯します。その様子は「とてもきれいです」と保坂さん

BLPでは写真のように、教授に加えて先輩がSA（スチューデント・アシスタント）として講義をサポートします

た別の企業から出された課題の解決に取り組みました。２年生になると課題の内容も少し高度になるので、難しかったです。」

――ＢＬＰ以外の講義について教えてください。

「２年生からはゼミが始まりました。私は経営戦略論について学ぶゼミに所属しています。テキストを読んで内容について討論したり、グループごとに企業の有価証券報告書（※）を見て、企業の問題点などを話しあったりしています。

ゼミもＢＬＰ同様、グループワークが多いので、時間を見つけてみんなで集まって課題に取り組んでいます。また、ＢＬＰはグループ課題に加えて個人課題も出されるので、いかに効率よく進めるかが重要になってきます。ほかにも色々な講義を受けていますが、経営学科はやはりＢＬＰとゼミが中心になるので、それらの印象が強いです。」

――今後の目標を教えてください。

「どんな企業に就職するとしても、色々な人とかかわったり、グループで活動することは必要になってくるはずです。いま学んでいる内容は社会人になっても役に立つことだと思うので、そうした役立つ力を鍛えながら、自分のやりたいことを見つけていきたいです。」

※企業の事業概況、営業概況などが記載された外部への開示資料

英語は単語の暗記が大切

高３では記述模試の英語の成績がなかなか伸びませんでした。英語教育に力を入れている学校ということもあり、日本語を英語に訳す問題は解けましたが、英語を日本語に訳す問題はほとんど解けなかったのが原因でした。そこでまず、友だちや塾の先生に英単語を言ってもらい、私が日本語を答えるという作業を繰り返し、単語力をつけていきました。それと並行して、毎日英語の長文問題を解くようにしたところ、３カ月で偏差値が10あがりました。高３になってから英単語の大切さを身をもって体験したので、できるだけ早くから地道に暗記していくことをおすすめします。

まとめノートで一気に復習

社会は、教科書を一通り読み、流れをつかんでから覚えた方が記憶に残りやすいと思います。覚えにくいところは、まとめノートを作りました。覚えられない箇所が載っている資料集のページをコピーしてノートに貼りつけ、空きスペースに注釈を書き込みます。そうすると、あとで苦手部分をまとめて見返すことができたのでよかったです。

友だちのありがたみを実感

周りには指定校推薦制度で大学を決めた友だちが多く、一般受験を控えていた私は精神的に参ってしまった時期がありました。しかも、みんな偏差値が高い大学だったので余計にプレッシャーを感じてしまって。でも、友だちが受験前に合格祈願のお守りや手紙をくれて、それがとても嬉しかったです。そして、高３になるまで話したことがなかった子たちと、受験を機に仲よくなったりもしました。「いっしょに頑張って合格しようね」と励ましあったその友だちの存在が大きく、受験を通して友だちの優しさやありがたみを改めて実感しました。みんないまでも仲よしです。

いまから基礎を積み重ねておこう

勉強はコツコツ継続していくことが大切だと思います。上記（英語の話）でも話したように、私は「もっと早くからやっておけばよかった」と後悔したことがあるので、基礎は早めに積みあげておきましょう。そうした努力の積み重ねが、将来きっと役に立つはずです。

グローバルリーダーを育成する3年間

文京《ぶんきょう》学院《がくいん》大学《だいがく》女子《じょし》高等学校

東京の私立女子校として唯一スーパーサイエンスハイスクール(SSH)に指定されている文京学院大学女子高等学校。
2015年度(平成27年度)からはスーパーグローバルハイスクール(SGH)アソシエイトにも指定されました。
文京学院大女子のグローバルな学びをご紹介します。

個性を活かす 3つのコース

文京区本駒込、六義園に隣接する落ち着いた環境に位置する、文京学院大学女子高等学校（以下、文京学院）。２０１２年度（平成24年度）に文科省よりスーパーサイエンスハイスクール（ＳＳＨ）に、さらに2015年度（平成27年度）にはスーパーグローバルハイスクール（ＳＧＨ）アソシエイトに指定され、特色ある教育内容が注目されている学校です。

文京学院は、３コース制を設定。国際感覚を育む「国際教養」、理数教育により女性サイエンティストの育成をめざす「理数キャリア」、スポーツ科学を学ぶ「スポーツ科学」の３つのコースが、それぞれ特色ある教育内容を展開しています。これからの高校生が生きていく社会は、国際化、多様化が進み、いままで以上に自ら考え、工夫する柔軟性が求められます。そのために、「知識を学び覚える」学習から「知識を活用、統合、応用する」学習へ、教科ごとに独立していた学びから教科を横断する学びへと、カリキュラムも大きく転換します。２０２０年度を節目として予定されている大学入試改革もこの流れのなかにあります。新しい発想で、明確な答えのない課題に取り組んでいく、その力を鍛えるために、各コースの特徴を活かした課題研究を行います。

そんな文京学院の教育を語るうえではずせない、ＳＳＨとＳＧＨの取り組みについてご紹介します。

SSH

東京大学・東京理科大学をはじめとした大学との連携教育や、タイの連携校とのサイエンス交流、放課後に数学の通年講座を実施する科学塾、探究活動に参加するＳＳクラブなどが行われています。カリキュラムでは、高１の自由選択科目として「グローバル環境科学」という授業を設定。科学者でもあるカナダ人のアラン・ニズベット先生が英語で科学を教えるという授業内容は、国際性を備えた研究者の育成をめざす文京学院ならではの授業です。

SGH

各コースでＳＧＨ学校設定科目が用意され、カリキュラムに組み込まれています。また、国際教養コースでは、グローバルスタディーズセミナーという夏期講習とキャリア教育を合わせたプログラムを実施。夏休み中に4日間行われ、午前中は授業を行い、午後は特別講演の実施や、外務省や読売新聞東京本社などでのアクティビティが用意されています。

このほかにも、特色ある取り組みが多数実施されています。左のページでは、その一部をご紹介しました。自分の得意分野を伸ばし、将来のキャリアへつなげていく文京学院です。

文京学院大女子の特色ある取り組み例

放課後の特別英語講座「国際塾」

授業の補習ではなく、グローバル社会において通用する英語運用能力を身につける場です。ネイティブ講師による多彩な講座をはじめ、英検やGTEC、TOEICなどの検定対策講座もあります。1人ひとりのレベルと目的に合わせて講座を選ぶことができる点が魅力です。身につけたい英語力を3年間でじっくり習得してください。

タイの連携校との国際交流

タイのプリンセス・チュラポーン・サイエンスハイスクールの1つであるペッチャブリー校との教育連携により、2014年(平成26年)から、毎年10名以上の生徒が相互訪問しています。英語で研究成果を発表し、現地の寄宿舎に泊まって、生活をともにすることで、グローバルなステージを体験することができます。

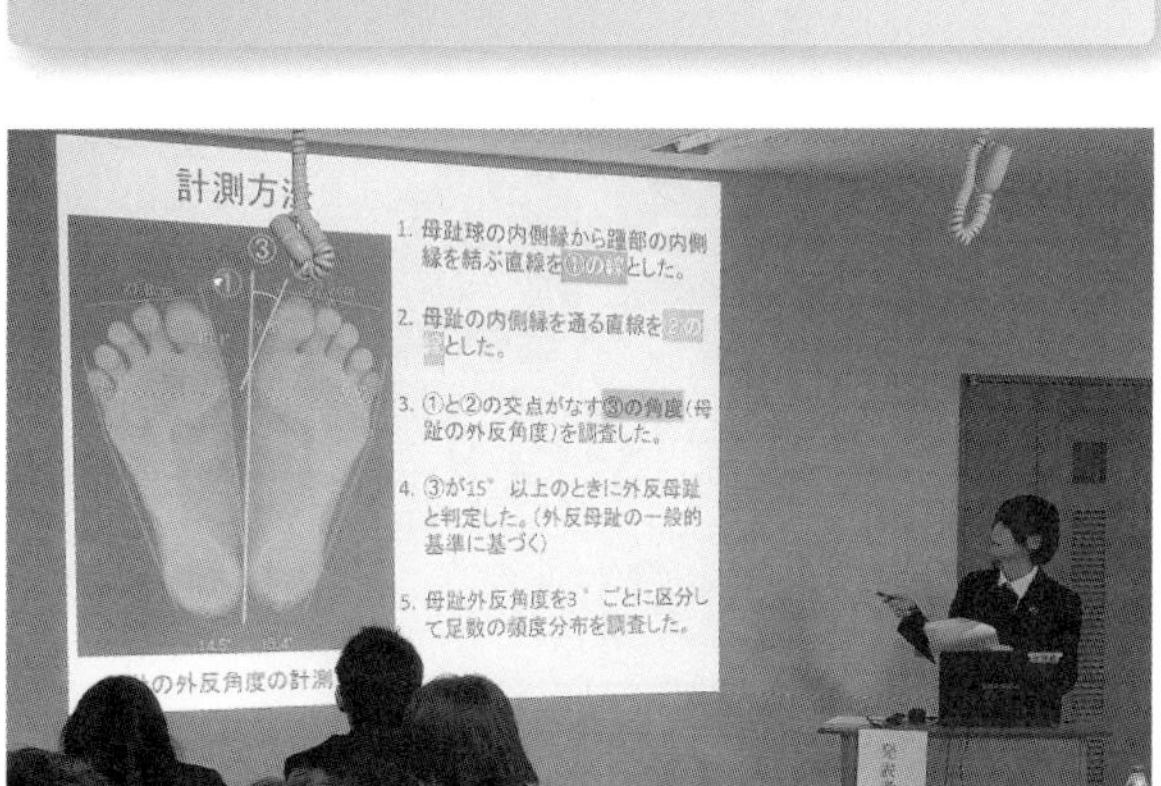

人類働態学会地方会で優秀発表賞を受賞

SSクラブでの探究活動の成果を、積極的にコンテストなどを通して発表し、多くの成果を残しています。2015年(平成27年)12月には、外反母趾《がいはんぼし》を研究しているグループが、横浜で開催された「人類働態学会地方会」に参加。一般の研究者にまじって、「女子高生における外反母趾について」の発表を行い、優秀発表賞を受賞しました。

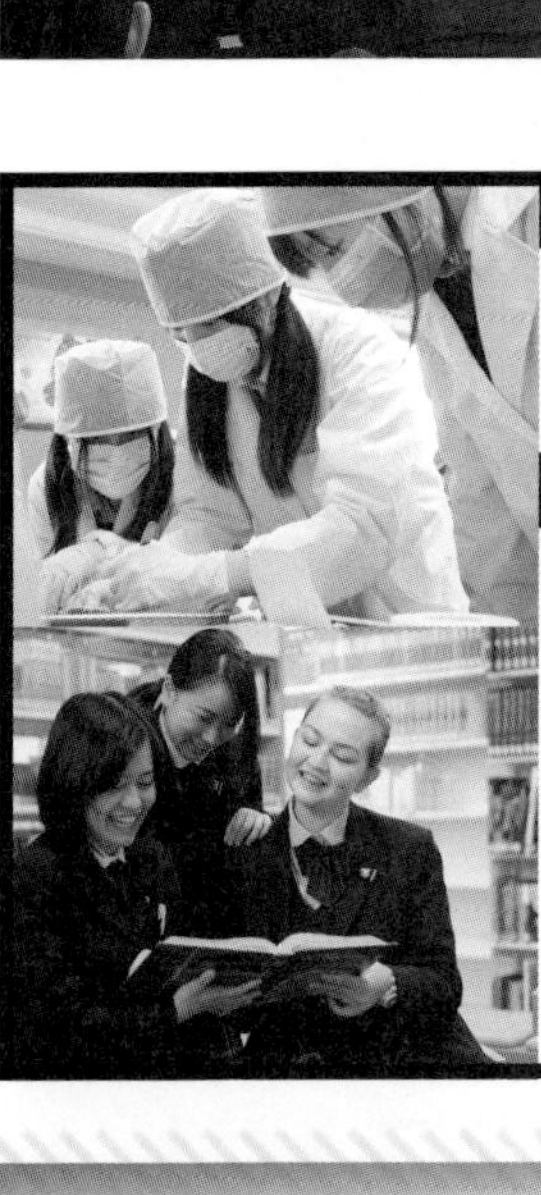

【School Information】

文京学院大学女子高等学校　所在地　東京都文京区本駒込6-18-3

アクセス　JR山手線・地下鉄南北線「駒込駅」、JR山手線・都営三田線「巣鴨駅」徒歩5分

TEL　03-3946-5301　URL　http://www.hs.bgu.ac.jp/

【説明会情報】

文女祭(文化祭)	部活体験ウィーク【要予約】	入試解説
9/30(土)・10/1(日)	10/3(火)～10/7(土)	11/23(木・祝)
学校説明会	**授業が見られる相談会**	**何でも相談会【要予約】**
10/14(土)・11/3(金・祝) 12/1(金)・12/2(土)	9/16(土)・10/14(土) 11/18(土)	12/16(土)・12/17(日)・12/23(土・祝) 12/24(日)・1/13(土)・1/20(土)

駒込高等学校

330余年変わらぬ教育理念 —— 一隅を照らす人間教育

高等学校2つのスペシャルコース

理系先進コース

理系先進コースでは、世界の理数教育の主流である「STEM 教育」を基盤に、到来するAI時代に即した「考える」授業を展開し、数学と理科の専門的な力を伸ばしていきます。

将来は難関国公立・私大の理系学部への進学を目指します。

国際教養コース

東京外国語大学・国際教養大学・国際基督教大学・早慶上智をはじめとする難関・有名大の国際教養・国際関係・外国語学部への進学を目標にしたコースです。また、海外の大学進学を志す生徒にも対応できるコースでもあります。

学校説明会 ※事前に申込を頂けるとありがたいです

10月14日（土）14:30～
説明会＋グローバル教育・留学体験談、国際教養コース

11月 4日（土）14:30～
説明会＋在校生によるコース説明

12月 2日（土）14:30～
説明会＋5教科（英数国理社）直前対策

個別相談会

11月11日（土）・23日（祝木）・25日（土） 9:00～15:00

11月4日（土）・12月2日（土） 9:00～11:00 要申込

12月9日（土） 9:00～15:00

玉蘭祭（文化祭）

9月30日（土）/10月 1日（日）
入試個別相談会実施 9月30日 10:30～15:00 / 10月 1日 9:00～15:00

〒113-0022 東京都文京区千駄木5-6-25

駒込学園 検索

Tel 03-3828-4141 Fax 03-3822-6833 http://www.komagome.ed.jp

■東京メトロ千代田線「千駄木」駅下車 徒歩7分・東京メトロ南北線「本駒込」駅下車 徒歩5分
■都営三田線「白山」駅下車 徒歩7分 ■都営バス（草63）「駒込千駄木町」（駒込学園前）下車

Bungou Retsuden

古今文豪列伝

第35回

江《え》戸《ど》川《がわ》乱《らん》歩《ぽ》

Rampo Edogawa

江戸川乱歩は1894年（明治27年）、現在の三重県名張市で郡役所の書記の長男として生まれたんだ。本名、平井太郎。平井家は津の藤堂藩の藩士だったという。ペンネームの江戸川乱歩はアメリカの作家、エドガー・アラン・ポーにちなんでいる。小さいころ、名古屋市に移り、愛知県立第五中学校（現・愛知県立瑞陵高等学校）を卒業後、現在の早稲田大政経学部に入学した。卒業後は職業を転々としながら小説を書き、1923年（大正12年）、『新青年』に「二銭銅貨」を発表、これがデビュー作となった。

当時は探偵小説（のちの推理小説）、猟奇小説などは黎明《れいめい》期で、彼の作品は草分け的な存在となる。

デビュー以後、『新青年』に『一枚の切符』『恐ろしき錯誤』『双生児』『赤い部屋』などを次々と発表、1926年（大正15年）からは朝日新聞に『一寸法師』を連載して好評を得、この作品は映画化までされ、一躍、時代の寵《ちょう》児《じ》となった。さらに『陰獣《いんじゅう》』『蜘《く》蛛《も》男《おとこ》』などを発表、人気を得たが、一部からは退廃的だとの批判も浴びた。

一方で、本格探偵小説『D坂の殺人事件』で名探偵、明智小五郎を初めて登場させ、以後、明智小五郎物といわれるシリーズを量産する。1936年（昭和11年）に『少年倶楽部』に連載された『怪人二十面相』、その次の年の『少年探偵団』、翌年連載の『妖怪博士』などでは、明智小五郎と少年探偵団が協力して事件に挑むストーリーが全国の少年をとりこにした。

戦後は評論家、プロデューサーとしても活躍、雑誌『宝石』の編集長として多くの推理作家を世に送り出した。また、終戦直後の1947年（昭和22年）には日本探偵作家クラブを設立、1954年（昭和29年）には江戸川乱歩賞が設けられた。

同クラブが1963年（昭和38年）に日本推理作家協会となり、乱歩は初代理事長に就任したが、わずか半年で病気のため松本清張と交代した。

1965年（昭和40年）、くも膜下出血のため死去、満70歳だった。死後、勲三等瑞宝章が贈られた。

全集はいくつも出版されているが、最も多くの作品を収めているのは光文社文庫の『江戸川乱歩全集』全30巻だろう。

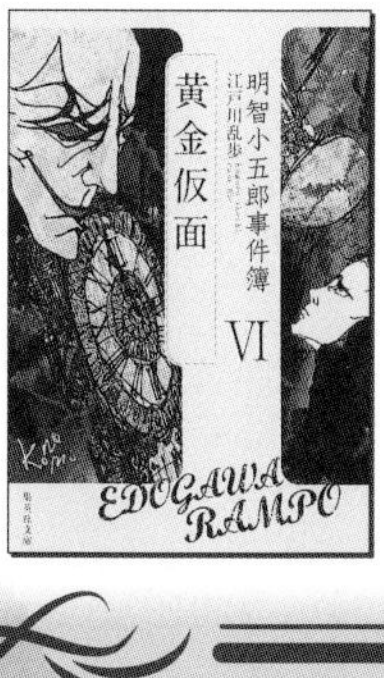

今月の名作

江戸川乱歩

『黄金仮面』

『明智小五郎事件簿6 黄金仮面』
640円＋税　集英社文庫

黄金の仮面をかぶった盗賊が東京の博覧会に現れて、展示してあった大きな真珠を盗む。やがて栃木県日光の侯爵邸に、黄金仮面から古美術品を盗むという挑戦状が送られてくる。警察が警戒するなか、侯爵令嬢が殺される事件が起こり、名探偵、明智小五郎が登場する。

桜丘

勤労と創造
〜未来に翔く翼とコンパス〜

SAKURAGAOKA
senior high school

説明会日程

第 4 回	10月 7日（土）	14:00 〜 15:30
第 5 回	10月14日（土）	14:00 〜 15:30
第 6 回	10月29日（日）	10:00 〜 11:30
第 7 回	11月11日（土）	14:00 〜 15:30
第 8 回	11月18日（土）	14:00 〜 15:30
第 9 回	12月 2日（土）	14:00 〜 15:30

解説会・相談会

特待入試解説会	11月25日（土）	14:00 〜 18:00 ※要予約
	11月26日（日）	9:00 〜 13:00 ※要予約
個別相談会	12月23日（土・祝）	9:00 〜 12:00 ※要予約

■ 上履きは必要ありません。　■ 車での来校はご遠慮ください。

桜丘中学・高等学校
共通行事
桜華祭
9/24（日）
9:00〜15:00 本校
予約は不要です。

アクセス
- JR京浜東北線・東京メトロ南北線「王子」下車徒歩7分
- 都営地下鉄三田線「西巣鴨」下車徒歩8分
- 都電荒川線「滝野川一丁目」下車徒歩1分
- 「池袋」駅から都バス10分「滝野川二丁目」下車徒歩2分
- 北区コミュニティバス「飛鳥山公園」下車徒歩5分

Member of UNESCO Associated Schools
「ユネスコスクール」認定校

SAKURAGAOKA 1924
桜丘高等学校

〒114-8554 東京都北区滝野川1-51-12 TEL:03-3910-6161
MAIL:info@sakuragaoka.ac.jp　**http://www.sakuragaoka.ac.jp/**
@sakuragaokajshs　http://www.facebook.com/sakuragaokajshs

あれも日本語　これも日本語

NIHONGO COLUMN NO.92

「ブタ」「イノシシ」の入った慣用句

今回は「ブタ」や「イノシシ」の入った慣用句について見てみよう。

「豚に真珠」。ブタには高価な真珠の価値はわからないよね。そこから、価値のわからない人に価値あるものを与えてもムダ、という意味だ。「陶器に興味のない彼に古伊万里の名器をあげても豚に真珠だよ」などと使う。『新約聖書』から出た言葉だ。「猫に小判」「馬の耳に念仏」も同じ意味だね。

「豚児《とんじ》」。ブタの子どもという意味だけど、自分の子どもを謙遜《けんそん》して使う言葉だ。中国の『三国志』が出典で、「愚息《ぐそく》（愚かな息子）」も同じ意味だね。こうしたへりくだった言い方を「謙称《けんしょう》」という。奥さんを「愚妻《ぐさい》」、自分を「拙者《せっしゃ》」、お坊さんが「拙僧《せっそう》」などというのも謙称だ。

「豚の木登り」。ブタは木に登れないよね。そこから、不可能なことをいうんだ。「彼に数学で100点をとらせようなんて豚の木登りだ」なんて言われないように。

逆の意味の慣用句に「豚もおだてりゃ木に登る」がある。これは大した能力もない人がおだてられて発奮し、成果をあげることだ。「君ならやればできる」と何回も言われて頑張った結果、いい点を取れたのなら、おだてられてよかったということになるね。

「猪突猛進《ちょとつもうしん》」。「猪」は中国ではブタのことを表すんだ。またブタはイノシシが家畜化したものでもある。そのイノシシは敵と見ると猛烈に突っ込んでくる習性があるらしい。そんな猛烈な攻撃や前進をすることをいうんだ。戦場で、そんなふうに猪突猛進する武士を「猪武者《いのししむしゃ》」という。「ラグビー部でフォワードをやっているA君、彼はボールを受け取ると猛烈に突っ込んでいく。猪突猛進だ」「うん、まさに猪武者だね」なんて感じかな。

「手《て》負《お》い猪《じし》」。そんなイノシシが猟師などに撃たれたりしてけがをすると、死に物狂いで反撃に出たりする。そんな危険な状態をいうんだ。「手負い獅子」も同じ意味だ。

「猪口才《ちょこざい》」。これは当て字なんだ。いつもちょこちょこしていて生意気な若者のことをいうんだ。時代劇なんかでは、歯向かって来る若者に「ちょこざいな、名を名乗れ」なんてセリフがよく聞かれたね。

渋谷教育学園幕張高等学校

〒261-0014 千葉市美浜区若葉１-３　TEL.043-271-1221（代）　http://www.shibumaku.jp/

ミステリーハンターQの

歴男歴女養成講座

山本 勇

中学3年生。幼稚園のころにテレビの大河ドラマを見て、歴史にはまる。将来は大河ドラマに出たいと思っている。あこがれは織田信長。最近のマイブームは仏像鑑賞。好きな芸能人はみうらじゅん。

春日 静

中学1年生。カバンのなかにはつねに、読みかけの歴史小説が入っている根っからの歴女。あこがれは坂本龍馬。特技は年号の暗記のための語呂合わせを作ること。好きな芸能人は福山雅治。

ミステリーハンターQ（略してMQ）

米テキサス州出身。某有名エジプト学者の弟子。1980年代より気鋭の考古学者として注目されつつあるが本名はだれも知らない。日本の歴史について探る画期的な著書『歴史を掘る』の発刊準備を進めている。

ロシア革命

世界初の社会主義国・ソ連を誕生させたロシア革命。革命にいたる社会背景を学んで、しっかりと理解しよう。

勇 今年はロシア革命からちょうど100年なんだね。

MQ 1917年にロシア皇帝が退位して、ソビエト政権が樹立されたんだ。

静 どうしてロシア革命が起こったの？

MQ ロシアはツァー（ツァーリ）と呼ばれる皇帝による独裁政治が行われていて、ヨーロッパのなかでも発展が遅れていたけど、20世紀に入ると、工業化も進んで、独裁批判の動きが強くなったんだ。

勇 20世紀初頭には日露戦争があって、ロシアは敗北するよね。

MQ それも理由の1つだね。日露戦争の最中の1905年、首都、サンクトペテルブルグで基本的な権利を求めて静かにデモ行進をしていた労働者に軍隊が発砲、多くの死傷者を出した血の日曜日事件が起き、民衆は激昂《げっこう》、皇帝は一定の譲歩をしたけど、民主化要求は日に日に高まっていったんだ。

静 静かにデモをしていた人たちに発砲するなんて、かなりひどい独裁体制だったのね。

MQ 日露戦争での敗北や血の日曜日事件などで、皇帝の権威が下降線をたどっていた1914年、第一次世界大戦が始まった。

勇 ロシアも戦争に参加したんだよね。

MQ ロシアはドイツとの総力戦を戦うことになったんだ。戦争が始まって3年が経った1917年、首都で食料不足から暴動が発生、労働者や兵士による評議会（ソビエト）が中心になってゼネストが起こったんだ。

静 ゼネストって？

MQ ゼネラルストライキの略で、一般企業はもちろん、公的機関を含むあらゆる分野でストライキをすることだ。国家の機能が失われてしまう。

勇 戦争はどうなったの？

MQ 1917年3月（ロシア暦は2月）、帝政が崩壊して臨時政府が樹立されたけど、11月（ロシア暦は10月）にはのちに共産党となるボルシェビキを率いたレーニンが臨時政府を打倒してソビエト政権を打ち建てたんだ。これがロシア革命で、ソビエト政権は翌年、ドイツと単独講和をして、戦線を離脱してしまうんだ。その後、ソビエト政権に反対するさまざまな動きがあったけど、これを鎮圧。1922年に共産党の一党独裁によるソビエト社会主義共和国連邦が作られ、1991年の崩壊までロシアを支配したんだ。

ウラジミール・レーニン
Владимир Ленин

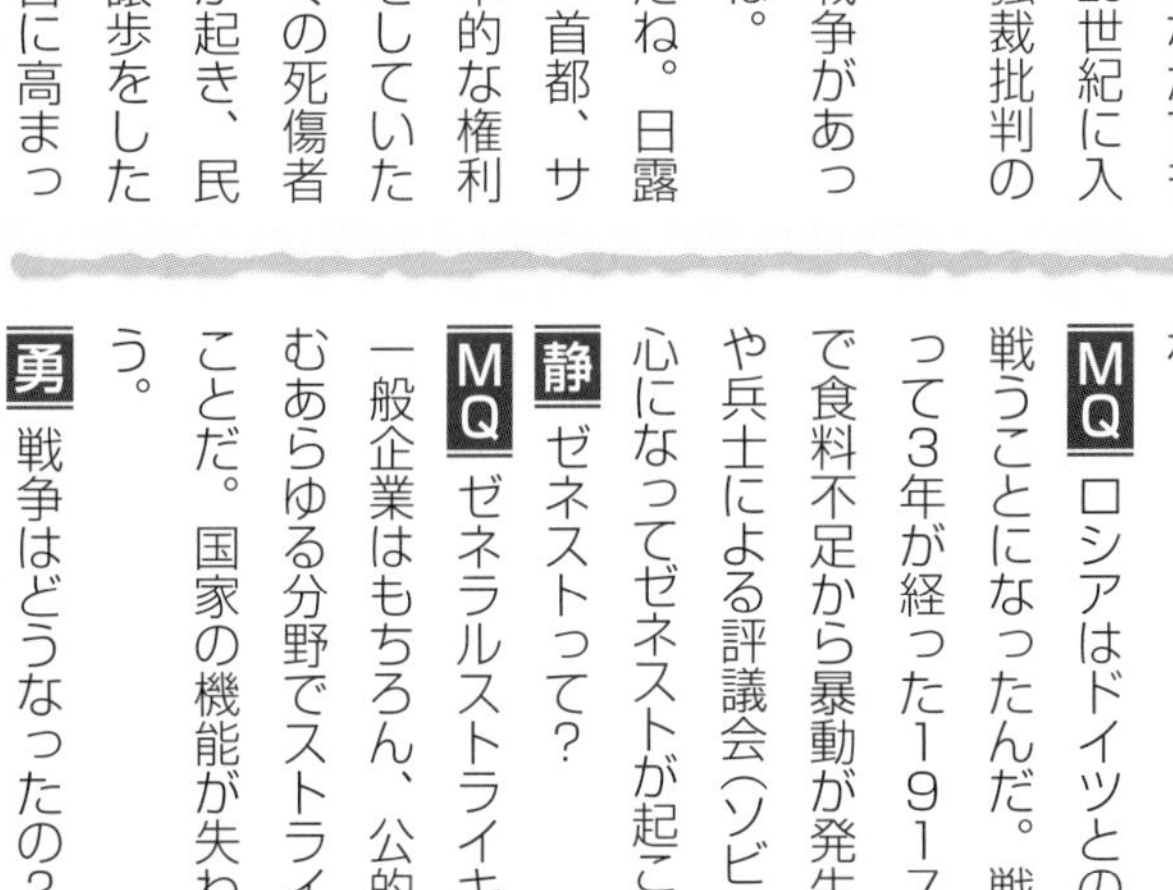

英知をもって国際社会で活躍できる人間を育成する。

創造的学力・国際対話力・人間関係力の３つの資質・能力を形成する特色教育

【進学教育】理数選抜類型・英語選抜類型・特進選抜類型の類型制によって学力を伸展すると共に、全類型対象に2年2学期から課外講座を実施し、生徒一人ひとりの高度な進路を実現します。

【国際教育】グローバルな国際社会に生きるために、英検取得・国際理解・国際交流・海外研修などの分野において、実践的な諸活動を展開します。平成26年度より文部科学省からSGH（スーパーグローバルハイスクール）として指定され、グローバル社会で主体的に活躍するための教育が展開されています。

【福祉教育】心豊かな人間性や社会性を育むために、多彩なボランティア活動を提供し、自主的な活動を促進します。

学校説明会　生徒・保護者対象　要予約

9月16日（土）	13:00～都内生対象	15:00～都外生対象
10月28日（土）	13:00～都内生対象	15:00～都外生対象
11月11日（土）	13:00～都内生対象	15:00～都外生対象
11月25日（土）	13:00～都内生対象	15:00～都外生対象

●北斗祭（文化祭）
9月23日（土祝）12:00～15:00・24日（日）9:00～15:00

個別相談会　生徒・保護者対象　要予約

9月16日（土）	14:30～都内生対象	16:30～都外生対象
10月28日（土）	14:30～都内生対象	16:30～都外生対象
11月11日（土）	14:30～都内生対象	16:30～都外生対象
11月25日（土）	14:30～都内生対象	16:30～都外生対象
12月24日（日）	9:00～12:00	都内・都外生対象

＊詳細は随時ホームページに掲載します。

順天高等学校

王子キャンパス（京浜東北線・南北線 王子駅・徒歩3分）
東京都北区王子本町1-17-13　TEL.03-3908-2966
新田キャンパス（体育館・武道館・研修館・メモリアルホール・グラウンド）
http://www.junten.ed.jp/

サクニュー！ ニュースを入手しろ！
Success News

▲PHOTO ユネスコの世界文化遺産へ登録された沖ノ島の宗像大社沖津宮社殿（福岡県宗像市）写真：EPA＝時事

▼今月のキーワード

沖ノ島が世界遺産に

福岡県の古代遺跡、「『神宿る島』宗像《むなかた》・沖ノ島と関連遺産群」が7月、ポーランドのクラクフで開かれたユネスコ（国際連合教育科学文化機関）の世界遺産委員会で正式に世界文化遺産に登録されました。

この結果、日本の世界遺産は自然遺産４件、文化遺産17件の計21件となりました。

当初、沖ノ島と本土の宗像大社、祭祀《さいし》を行った豪族の古墳群などをまとめて申請しましたが、イコモス（ユネスコの諮問機関）が沖ノ島以外は除外するよう勧告しました。

このため、日本政府や地元がまとめて登録するよう、強く働きかけを行い、最終的には申請したすべての遺産が認められ、登録されることになりました。

沖ノ島（宗像大社沖津宮）以外で登録されたのは宗像大社中津宮、宗像大社沖津宮遥拝所《ようはいじょ》、宗像大社辺津宮、それと宗像大社宮司を務めた宗像氏の新原《しんばる》・奴山《ぬやま》古墳群です。

中心となる沖ノ島は、同県宗像市の沖、約60㎞にある玄界灘《げんかいなだ》に浮かぶ断崖絶壁に囲まれた周囲約４㎞の孤島で、島全体がご神体とされています。

沖ノ島では４世紀から９世紀にかけて、航海の安全や他国との交流などを祈願した祭祀が行われました。同島からは金製指輪、金銅製竜頭、シルクロードを通じてもたらされたと考えられるガラス製品など８万点もの遺物が出土していますが、そのすべてが国宝に指定されています。これらの出土品は古代オリエント文明が遠く日本にまでおよんだことを示すものでもあります。こうしたことから沖ノ島は「海の正倉院」とも呼ばれます。

沖ノ島は女人禁制、島の沖津宮に神職が１人10日交代で在住しています。神職以外で島に入れるのは年１回、一定の儀式（みそぎ）を行った200人までの男性に限られます。島からはなにも持ち出すことが許されません。このため、古代の祭祀跡がほぼ手つかずのまま残されています。

沖ノ島を拝むために、福岡県から10㎞の沖の大島に沖津宮遥拝所が設けられています。

沖ノ島とともに登録された宗像神社は沖ノ島を祀《まつ》る神社で、沖ノ島は宗像神社の境内の扱いです。

沖ノ島は、古代東アジアの交流の歴史や神道や古代宗教を研究するうえで、大変貴重な存在です。

政府は2018年度（平成30年度）には長崎県と熊本県にまたがる「長崎と天草地方の潜伏キリシタン関連遺産」の世界遺産登録をめざしたいとしています。

女子美術大学付属高等学校

JOSHIBI

2017年度
公開行事情報

持参された作品
に美術科教員が
アドバイス。

作品講評会
9月30日（土）
11月18日（土）
各 14:00 ～
（13:30 受付開始）
予約不要

公開授業
9月30日（土）
10月7日（土）
11月18日（土）
11月25日（土）
各 8:35 ～ 12:40
予約不要

学校説明会
9月30日（土）
11月18日（土）
各 14:00～
予約不要

中学3年生対象
秋の実技講習会
水彩・鉛筆デッサンの講習
11月5日（日）
8:15 受付　8:35 講習開始
要予約

すべて
上履不要

女子美祭
～中高大同時開催～
～本校最大のイベント～
10月28日（土）・29日（日）
各 10:00 ～ 17:00

ミニ学校説明会
28日（土）
12:00 ～、15:00 ～
29日（日）
11:30 ～、13:30 ～
予約不要

〒166-8538　東京都杉並区和田 1-49-8　［代表］TEL: 03-5340-4541　FAX: 03-5340-4542

http://www.joshibi.ac.jp/fuzoku

100th 2015 ANNIVERSARY

サクセス書評 10月号

バッタ博士、アフリカへ
どんな出会いが待ちかまえているのか

今月の1冊

『バッタを倒しにアフリカへ』

著者／前野 ウルド 浩太郎
価格／920円＋税
刊行／光文社

『バッタを倒しにアフリカへ』というタイトル、さらに表紙の写真。なかなかのインパクトである。

これは、日本人の虫の研究者、前野ウルド浩太郎さん（なぜ名前に「ウルド」と入っているかは本書に書かれている）が、2011年（平成23年）からアフリカのモーリタニアにあるモーリタニア国立サバクトビバッタ研究所に赴任し、バッタ研究のためにモーリタニア中を駆けめぐったエピソードが書かれた一冊だ。

表紙とタイトルのあとは、「まえがき」で驚かされてしまう。なんと、著者は「バッタアレルギーのため、バッタに触れるとじんましんが出てひどい痒《かゆ》みに襲われる（中略）全身バッタまみれになったら、あまりの痒さで命を落としかねない」というのだ。

「え？　バッタの研究者なんですよね？」とツッコまずにはいられない出だし。

幼少期に、かの有名な『ファーブル昆虫記』を読んで感銘を受け、将来の夢を昆虫学者に定めると、その夢を追いかけて弘前大の農学部を卒業したあと、神戸大大学院の博士課程を修了し、学者への道を歩み始めた。しかし、そこで著者は、収入をしっかり得ながら学者として研究を続けていくことの難しさにぶちあたる。

それを乗り越えるための手段として、1度大発生すると、アフリカのさまざまな場所に深刻な被害をもたらす「サバクトビバッタ」の研究をするために、単身でモーリタニアに乗り込むことになる。

モーリタニア到着後は、文化や習慣の違いに戸惑いつつ研究を続けていく姿が綴《つづ》られている。さまざまなエピソードが語られており、きっと、読んだ人にとっては興味深いことの連続となるだろう。

さらに、夢に向かうことの楽しさとともに、難しさも包み隠さず語られており、そういった点でも読み応えのある一冊となっている。

最後に、この本を読むにあたっての注意点を1つ。内容は間違いなくおもしろいのだが、随所にバッタを中心に、多くの虫の写真が掲載されているので、苦手な人は気をつけてほしい。

特別進学クラス　大進選抜クラス　大学進学クラス

保善高等学校

学習とクラブの両立で
大学進学を実現する単独男子校

HOZEN HIGH SCHOOL

交通アクセス

高田馬場駅より 徒歩 **8分**
- JR山手線
- 西武新宿線
- 東京メトロ東西線

西早稲田駅より 徒歩 **7分**
- 東京メトロ副都心線

西武池袋線・東武東上線・東急東横線・みなとみらい線が相互乗り入れ運転

〒169-0072 東京都新宿区大久保3丁目6番2号

資料請求

入試広報部 フリーダイヤル
0120-845532

保善高校 検索　スマートフォンでもご覧頂けます | hozen.ed.jp

2017年学校説明会と施設見学 予約不要

午前10時（個別受験相談会は施設見学後、学校説明会にご来校された方から順番に承ります）

10/14㈯　10/28㈯　11/11㈯　11/18㈯　11/25㈯　12/2㈯

文化祭

午前10時～午後3時

9/17㈰　9/18㈷

体育祭 保善高等学校 校庭

午前9時～午後2時

9/30㈯　雨天順延 10/3㈫

広大な自然の中で豊かな人間性を育む三年間

★ 大学受験に縛られないゆとりある高校生活

原則として、希望するすべての生徒が日本女子大学へ推薦されることになっています。ゆとりの時間の中で自分の興味にしたがって深く学問を究めて、じっくり進路を考えていくことができます。

★ 盛んな自治活動

自ら考え、自ら学び、自ら行う教育方針に基づき、話し合いや自治活動を重視しています。学校生活全般の運営、行事の企画・運営は生徒の手で行なわれ、達成感を味わう成果を挙げています。

2017年 学校説明会・公開行事

◆学校説明会 予約不要

11月11日(土) 12:50〜

◆フリースタディ(オープンスクール) 要予約

9月16日(土) 9:30〜

◆もみじ祭(文化祭)

10月28日(土) 9:00〜16:00

10月29日(日) 9:00〜15:30

日本女子大学附属高等学校

THE SENIOR HIGH SCHOOL AFFILIATED with J.W.U.

〒214-8565 神奈川県川崎市多摩区西生田1-1-1 TEL. 044-952-6705 FAX. 044-954-5450

小田急線読売ランド前駅より徒歩10分、京王線「京王稲田堤駅」「京王よみうりランド駅」よりバス10〜15分

SEARCH 日本女子大学附属高等学校 GO

こちらのQRコード▶からもホームページへアクセスできます

サクセスシネマ

SUCCESS CINEMA vol.92

怪物《モンスター》たちの素顔

モンスター・イン・パリ 響け！僕らの歌声

2011年／フランス
監督:ビボ・バージェロン

『モンスター・イン・パリ 響け！僕らの歌声』
価格:3,800円＋税
発売元:カルチュア・パブリッシャーズ
販売元:アミューズソフト
©2011 The Weinstein Company LLC. All Rights Reserved.

パリに現れたモンスターの正体は…

1910年代のフランス・パリを舞台とするアニメーション映画です。

ラウルとエミールの２人は届けものをしに、ある研究室を訪れました。ラウルは博士が留守なのをいいことに、好奇心から勝手に実験を始めてしまいます。すると大爆発を起こしてしまったから大変！ラウルとエミールは無事でしたが、その後、町ではモンスターが出るという騒ぎが…。２人の実験となにか関係があるのでしょうか？

このモンスターの正体には、人や物事を見かけで判断することは愚かであり、大切なものを見落としてしまう危険性がある、というメッセージが込められているのを感じます。視点を変えると、いままでとは違ったものが見えてくるものなんですね。

さて、この映画のタイトルには「響け！僕らの歌声」とあります。そのタイトル通り、本作ではすばらしい歌声を聞くことができます。１人はラウルの幼馴染《おさななじみ》の女性・ルシール、そしてもう１人は…映画を見てのお楽しみです。さわやかな歌声の余韻が残る映画です。

モンスターズ・インク

2001年／アメリカ
監督:ピート・ドクター

『モンスターズ・インク』
MovieNEX発売中/デジタル配信中
4,000円＋税
発売/ウォルト・ディズニー・ジャパン
©2017Disney/Pixar

怖いのは人間？　モンスター？

少女とモンスターの交流を描く物語。アニメーションで描かれたカラフルなモンスターたちがたくさん登場します。

人間の子どもの悲鳴をエネルギーとして収集するモンスターズ株式会社。モンスターたちは、深夜に人間の世界に忍び込んでは、子どもを脅かしエネルギーを集めていました。ところがある日、人間の少女がモンスターの世界に迷い込んでしまいます。会社で業績トップのサリーと相棒のマイクは、ブーと名づけたこの少女を、人間世界へ戻そうとしますが…。

「子どもを脅かして悲鳴をあげさせるなんてひどい！」と思ってしまいますが、じつはモンスターたちも人間を恐れている、というのがこの映画のおもしろいところです。それも、子どもの靴下を持ち帰ってしまっただけで大騒ぎになるほど。その姿に思わず笑ってしまいます。

そして、身体の大きなサリーと小さなマイクの凹凸コンビがおくるユーモアのきいた会話もGood！　その見た目とは裏腹に心優しいサリーが、ブーを見捨てることができず、命がけで守ろうとする勇気にも心動かされます。

シュレック

2001年／アメリカ
監督:アンドリュー・アダムソン、
ヴィッキー・ジェンソン

『シュレック　ブルーレイ&DVD＜２枚組＞』
ブルーレイ発売中
2,700円＋税
20世紀フォックス ホーム エンターテイメント ジャパン

怪物とお姫さまの不思議な旅路

お姫さまを、王子さまではなく、怪物が助け出すという少し変わった物語を描くアニーメーション作品。

怪物のシュレックは、その見た目から人々に恐れられ、人里離れた沼地に１人で暮らしていました。しかし、ある日、そこにファークアード卿によって追放された者たちがやってきます。シュレックは元の静かな生活を取り戻そうと、ファークアード卿に直談判にいきますが、その交換条件として、塔に幽閉されているフィオナ姫を助け出すことに。シュレックとシュレックを慕うロバのドンキーは、フィオナ姫がいる塔をめざします。

この映画には、か弱そうに見えて強かったり、凶暴そうに見えて恋する乙女だったりと、見かけと異なる性格のキャラクターたちが多数登場。そのギャップが笑いを誘います。

シュレックとフィオナ姫がいっしょに旅をしていくなかで、惹《ひ》かれあっていく様子がほほえましく感じられますが、それは彼らの内面の美しさが伝わってくるからに違いありません。心温まるファンタジーラブコメディをお楽しみください。

東《とう》洋《よう》大《だい》学《がく》京《けい》北《ほく》高等学校［共学校］

他大学進学を全面的にサポート 将来を見据えた進路指導を実施

2015年度（平成27年度）から教育改革を進め、東洋大学の附属校として東京都文京区で新たなスタートを切った東洋大学京北高等学校。高大連携教育など、附属校としてのメリットを活かしつつも、他大学進学をメインとして推し進めている進路指導についてご紹介します。

大学受験に向け、自習室で勉強する生徒たち

東洋大学京北高等学校（以下、東洋大京北）は、東洋大の附属校ではありますが、難関国公立大（東京大・東京工大・一橋大）5名、国公立大20名といった目標を掲げ、他大学進学をメインに進路指導を行っています。高1から「難関国公立大クラス」「国公立大クラス」の2つを編成し、全科目履修型カリキュラムにより、生徒全員が国公立大を狙える体制を整えています。もちろん附属校として東洋大への推薦入学制度もありますが、改革1期生である高3生の約6割が他大学をめざしています。

自学自習できる環境を用意 キャリア教育にも注力

他大学進学を全面的に支援する東洋大京北では、受験勉強のバックアップ体制が充実。放課後は160席ある自習室やWEB学習教材が用意されたPC教室を利用した自主的な学習が盛んに行われています。そこには現役大学生のチューターが常駐しているので、疑問があればすぐに相談できるのも魅力です。また、教員による各種講座も実施され、確実に学力を向上させることができます。

東京大、東京工大、一橋大、早稲田大といった難関大の学生がチューターとして勉強の相談にのってくれます

さらに「より良く生きる」を教育テーマとする東洋大京北では、独自の「哲学教育（生き方教育）」によって、これからの大学入試で求められる思考力を身につけることが可能です。

しかし、大学受験だけが目標とされているわけではなく「大学でなにを学び、その学びをどう将来につなげていくか」（進路指導部長・武田浩哉先生）ということが大切にされています。そのため、将来を見据えた進路選択ができるようキャリア教育にも力が入れられています。「明確な目的意識を持って大学を選ぶことが、人生をより豊かに、より生きがいを持って歩むことにつながるでしょう」と広報部長の井出秀己先生。

まず各分野で活躍する方々の話をまとめた冊子を読んだり、講演を聞いたりすることにより、さまざまな職業を知ることから始めます。「なにをしたいのかわからないという生徒もいるので、色々な職業にふれることで将来を考えるきっかけを作るようにしています。そこで興味のあることを見つけてほしい」と武田先生。

さらに、各大学のオープンキャンパスを訪れたり、東洋大の体験授業を受けたりすることで、大学の学びにもふれていきます。そのほか、東洋大の法学部の学生と選挙権について考えたり、国際観光学部と連携して旅行企画を作って発表したりする高大連携教育も行われています。「知識の活用方法を考えるという大学の学びを、高校生から体験できるのは附属校の魅力でしょう」と井出先生。

また、全学年で年2回、約10日間をかけて進路面談が行われているのも特徴です。1人ひとりと丁寧に向きあうことが大切にされています。

独自の哲学教育（生き方教育）、附属校ならではの高大連携教育を実施しながら、将来を見据えた進路指導を展開することで、未来を切り開く力を育む東洋大学京北高等学校。改革後、初の卒業生を送り出す来春に期待が寄せられています。

説明会日程

学校説明会 要予約
10月14日(土)15:00～16:30
10月29日(日)13:00～14:30
／16:00～17:30
11月11日(土)15:00～16:30
12月 2日(土)15:00～16:30
※施設見学・個別相談あり

個別相談会 要予約
両日とも14:00～17:00
11月 4日(土)11月25日(土)

オープンスクール 要予約
9月23日(土祝)9:00～14:00

入試問題対策会 要予約
12月17日(日) 9:00～12:00
／13:30～16:30
※中3対象、東洋大学白山キャンパス

京北祭（文化祭）
両日とも10:00～15:00
9月30日(土)
10月 1日(日)
※入試相談室あり

SCHOOL DATA

所在地 東京都文京区白山2-36-5　TEL 03-3816-6211
アクセス 都営三田線「白山駅」徒歩6分、地下鉄南北線「本駒込駅」徒歩10分、地下鉄丸ノ内線「茗荷谷駅」徒歩14分、地下鉄千代田線「千駄木駅」徒歩19分
URL https://www.toyo.ac.jp/site/toyodaikeihoku-hs/

2018年4月
新類型新設

知的好奇心を満たす

今春の大学合格実績

国公立大学・大学校	17	北海道3・東北・筑波・東京学芸・電気通信・埼玉2 首都大東京4・都留文科2・防衛医科大学校・航空保安大学校
早慶上理	10	早稲田4・上智2・東京理科4
GMARCH	87	学習院9・明治12・青山学院7・立教9 中央16・法政34
成・成・明学・武・獨・國	69	成城13・成蹊13・明治学院7・武蔵11・獨協5 國學院20
日東駒専	158	日本41・東洋74・駒澤29・専修14

一人ひとりが希望の進路をかなえています

北海道大・東北大・筑波大・東京学芸大・埼玉大
首都大学東京・早稲田大・上智大・明治大・立教大
中央大・法政大など
【現役合格率】 **97.5%**　【大学進学率】 **93.7%**

選抜進学類型
明治大・中央大・法政大・青山学院大・学習院大・武蔵大
成城大・獨協大・國學院大・日本大・東洋大・駒澤大
津田塾大・東京女子大など
【現役合格率】 **93.3%**　【大学進学率】 **90.0%**

普通進学類型
明治大・青山学院大・法政大・武蔵大・成城大・成蹊大
明治学院大・國學院大・日本大・東洋大・駒澤大・専修大など
【大学進学希望者の現役合格率】 **93.6%**
【大学進学希望者の大学進学率】 **89.9%**

学校説明会・個別相談

① 校舎・施設見学　② 全体会開始

10月14日〔土〕	① 9:30	②10:00
10月28日〔土〕	①14:00	②14:30
11月11日〔土〕	① 9:30	②10:00
11月18日〔土〕	①14:00	②14:30
11月25日〔土〕	①14:00	②14:30

- 事前のお申し込みは必要ありません。ご自由に参加して下さい。
- 個別相談は全体会（約1時間）終了後、希望制で行います。
- 個別相談は体験入学でも可能です。
- 上履き、筆記用具をご持参下さい。 ●お車でのご来校はご遠慮下さい。
- 上記日程以外を希望される場合は、事前にお問い合せ下さい。
  平日は16時以降、土曜日は午前中、見学が可能です。
- 台風等で交通機関に混乱が生じるおそれのある時、中止になる場合があります。
  前日のホームページでご確認下さい。

豊昭祭（文化祭）

9月16日〔土〕 9月17日〔日〕

●入試相談のコーナーがあります。 ●上履きをご持参下さい。

TOSHIMA GAKUIN

学校法人 豊昭学園
豊島学院高等学校
併設／東京交通短期大学・昭和鉄道高等学校

スーパー特進類型　特別進学類型　選抜進学類型　普通進学類型

〒170-0011 東京都豊島区池袋本町2-10-1 TEL.03-3988-5511（代表）
最寄駅：池袋／JR・西武池袋線・丸ノ内線・有楽町線 徒歩15分 副都心線 C6出口 徒歩12分
北池袋／東武東上線 徒歩7分　板橋区役所前／都営三田線 徒歩15分

http://www.hosho.ac.jp/toshima.htm

なんとなく

得した気分になる話

身の回りにある、
知っていると勉強の役に立つかもしれない知識をお届け!!

飛行機のチケットが安くなるワケ

お盆に帰省してきたんだ。いま、キミが住んでいるお家の近所にご両親のご実家はあるの？

うちの近所におばあちゃんが住んでいるよ。

じゃあ、お盆や正月に帰省したことはないのかな。

まあね。いつも友だちの多くが、「田舎に帰る」って言ってたから、そういうのはうらやましいんだよね。ボクも「田舎がほしい！」ってよく思った。

そうなんだ。でも、実際にはこういう時期に帰るとなると、電車でも車でも大混雑だし、いいことなんかないかもしれない。なによりも交通費がかかって…（涙）。

交通費？？　そっか、タダで電車とか乗れないもんね。もしかして、先生の実家って遠いの？

うん。新幹線でも行けるけど、基本的には飛行機で行くところなんだよ。

どこ？

どこだと思う？

新幹線で行けるけど飛行機で行くところだよね？

すぐにわかりそうだな。

大阪！

ブー！　不正解！

じゃあ、新潟！

ブー！　新潟は羽田空港から飛行機が飛んでいません！

もっと遠くなんだね。

そう！

じゃあ、広島！

ピンポンピンポン!!　大正解！

そんなに嬉しくないなあ（笑）。

だから交通費がかかるんだよ。しかも、今回は安く買えなかったからね。

安く買う？　飛行機のチケットって安くなるの？

そうだよ。飛行機には「早特」とか「旅割」とか「早割」といった安いチケットがあるんだよ。

聞いたことある！　早く買うと安いってやつでしょ？

そう。でもね、1便ごとの発売枚数が限られているから、お盆の時期とかは早く売りきれてしまうんだよね。

でも、そんなにそのチケット安いの？

うん、便によっては50%ぐらい割り引きになったりする。

ホントに半額？？　そりゃ、買うしかないでしょ！

みんなが、そう思うからこそ売りきれになるんだよ。

だよね。でもさ、なんでそこまで安くできるんだろう？？

それはだね。早く買う人の2割はキャンセルをするらしいんだ。そのキャンセル料金が高いんだよね。それが正規料金の50%くらい。

ということは、実際には2割の人が乗らなくても、航空会社はその安いチケット料金の50%は損しないってこと？

急に賢くなったみたいだね（笑）。そういうことなんだ。

で、先生はそのチケットを買えなかったと。

学校は予定が狂うことが多い仕事だからね。

そうなの？　どうして？

キミみたいな生徒がいるからねえ…。

先生、ひどい！

いやいや、ひどくないよ。キミのように、いつ質問をしに来てくれる生徒がいるかわからないから、という意味じゃないか。

よく言うよ。じゃあ先生を予約しようかな。

キャンセル料は高いですよ！

じゃあ、早めには予約しないようにしようっと！

私は飛行機か？

残念ながら、そんなには高くないよ（笑）。

明治大学付属中野高等学校

NAKANO JUNIOR AND SENIOR HIGH SCHOOL ATTACHED TO MEIJI UNIVERSITY

質実剛毅　　協同自治

<平成29年度 学校説明会・公開行事>

	日程	時間	会場
学校説明会	10月21日(土)	9:20〜11:20	本校〔櫻山ホール〕【予約制】 ※学校説明会への申し込みは、事前に参加者登録が必要です。詳細はホームページをご確認ください。
		14:00〜16:00	
	11月 7日(火)	10:00〜12:00	
	11月18日(土)	9:20〜11:20	
		14:00〜16:00	
桜山祭(文化祭)	9月23日(祝・土)	9:00〜16:00	※入試相談室・生徒トーク等も実施します。
	9月24日(日)	9:00〜14:00	※左記の時間帯でご自由にご見学ください。

〒164-0003 東京都中野区東中野 3-3-4

TEL.03-3362-8704

http://www.nakanogakuen.ac.jp/

JR中央・総武線／東中野駅から…［徒歩5分］

都営地下鉄大江戸線／東中野駅から…［徒歩5分］

東京メトロ東西線/落合駅から…［徒歩10分］

高校受験 ここが知りたいQ&A

Question

第２志望校はどうやって選べばいいのでしょうか？

私にはどうしても行きたい高校があって、そこを第１志望校と決めています。でも、ほかにはとくに行きたいと思える学校が見つかりません。こういう場合、第２志望校というのは、どのようにして探したらいいのでしょうか？

（小金井市・中３・UO）

Answer

合格可能性が高い学校のなかから自分に合いそうな学校を選びましょう

第１志望校が明確に定まっているのは、いいことですね。どうしても進学したいと強く思える学校が見つかったことは、すばらしいことです。

ただ、入試が選抜試験である限り、合格という結果が必ず得られるわけではなく、試験の結果が悪ければ不合格ということもありえます。ですから、第１志望校とは別に、併願校を選択しておくことが大切です。第１志望校に比べると、とくに行きたいと思える学校が見つからないかもしれませんが、万が一を考えて、しっかり併願校を選んでおくことをおすすめします。

併願校は第１志望校より合格しやすい要素のある学校のなかから選ぶことが基本です。併願校が定まることによって、第１志望校を安心して受験できるというメリットがあるからです。入試の時期にはなにかと不安になることが多くありますから、合格可能性の高い学校があることは、大きな自信につながります。

併願校選びは、まず自分がどんな高校生活を送りたいのかイメージするところから始めましょう。各種学校資料やパンフレット、学校ホームページなどを参考にして、その学校に自分が進学したとしたらどうかを想像してみるのです。さらに、実際の雰囲気を知るために公開行事や学校説明会などのイベントにも参加しながら、自分に合う学校を選んでいきましょう。

MOVE FORWARD
つねに前へ。進化する伝統校

［高等学校］学校説明会

第2・3回
10:00～11:50
14:00～15:50
10/28（土）

第4・5回
10:30～11:50
14:00～15:20
11/18（土）

紫紺祭（文化祭）

9/23［土］ 10:00～16:00〈予約不要〉 9/24［日］ 9:30～15:30 〈予約不要〉

明治大学付属
明治高等学校・明治中学校

〒182-0033 東京都調布市富士見町4-23-25
TEL.042-444-9100（代表） FAX.042-498-7800
http://www.meiji.ac.jp/ko_chu/

Success Ranking

大学イメージランキング

2018年（平成30年）の３月に卒業予定の高校３年生（関東在住）3592人が答えたアンケートをもとにした、さまざまな大学のイメージランキングから４つのランキングを紹介しよう。ここで出てくる大学に、みんなはどんなイメージを持っているかな？

教育方針・カリキュラムが魅力的

順位	大学名	区分	志願度（%）
1（1）	**早稲田大**	私	17.6
2（3）	慶應義塾大	私	17.4
3（2）	東京大	国	14.6
4（8）	上智大	私	11.7
5（9）	明治大	私	10.6
6（7）	青山学院大	私	9.0
7（6）	京都大	国	8.7
8（5）	立教大	私	8.2
9（21）	千葉大	国	8.0
10（16）	日本大	私	7.5

校風や雰囲気がよい

順位	大学名	区分	志願度（%）
1（1）	**早稲田大**	私	22.5
2（2）	青山学院大	私	22.4
3（3）	慶應義塾大	私	21.6
4（6）	明治大	私	19.8
5（4）	上智大	私	19.4
6（7）	立教大	私	18.6
7（11）	京都大	国	14.4
8（5）	東京大	国	13.3
9（9）	学習院大	私	13.2
10（11）	一橋大	国	12.2

国際的なセンスが身につく

順位	大学名	区分	志願度（%）
1（1）	**上智大**	私	32.5
2（2）	東京外国語大	国	21.2
3（3）	国際基督教大	私	19.3
4（5）	慶應義塾大	私	18.8
5（4）	早稲田大	私	18.5
6（7）	東京大	国	16.2
7（8）	神田外国語大	私	13.7
8（6）	青山学院大	私	11.2
9（9）	立教大	私	10.9
10（15）	京都大	国	10.5

おしゃれ

順位	大学名	区分	志願度（%）
1（1）	**青山学院大**	私	36.6
2（2）	慶應義塾大	私	27.3
3（3）	上智大	私	23.6
4（7）	フェリス女学院大	私	15.5
5（4）	立教大	私	15.1
6（5）	明治大	私	13.4
7（5）	早稲田大	私	11.2
8（17）	東京芸術大	国	9.1
9（28）	明治学院大	私	8.7
10（10）	お茶の水女子大	国	8.4

※（　）内は昨年順位

「進学ブランド力調査2017」リクルート進学総研調べ

学校説明会　※HPよりご予約のうえご来校ください

第4回　10/14(土)　14:00〜

第5回　11/11(土)　14:00〜

第6回　11/18(土)　14:00〜

第7回　12/ 2(土)　14:00〜

第8回　1/ 7(日)　10:30〜

明星祭(文化祭)　※予約不要

9/23(土)・24(日)
9:00〜15:00

学校見学　※電話またはE-mailでご予約ください

月〜金曜日　9:00〜16:00
土曜日　9:00〜14:00
※日曜・祝日はお休みです

※各説明会・イベントの詳細は、開催日近くになりましたらHPでご確認ください。

明星高等学校
MEISEI SENIOR HIGH SCHOOL

入学広報室
TEL：042-368-5201(直通)　FAX：042-368-5872(直通)
E-mail：pass@pr.meisei.ac.jp　http://www.meisei.ac.jp/hs/

受験情報

東京　第一次募集でのインフルエンザ罹患生を救済へ

東京都教育委員会は、2018年度のための「都立高校入学者選抜検討委員会」で入試の改善策を検討し、7月末、報告書を提出。そのなかで、懸案となっていた受検時にインフルエンザに罹患《りかん》した受検生の救済について、「受検機会の確保」を打ち出し具体的な方策を示した。

これまで、受検者がインフルエンザ等に罹患した場合は、受検することはできず、分割募集や転学の募集等により受検機会を確保してきたが、この方法では、志願者は本来希望していた高等学校を受検できないため、受検機会を十分に確保してきたとはいえなかった。

このため、2018年度からは、インフルエンザ等の罹患による第一次募集不受検者に対して、第二次募集と同日程で追試験を実施することとした。選抜方法は、第二次募集の共通問題を使用した、国語、数学、外国語（英語）の3教科の学力検査および面接等を基本としているが、詳細については引き続き検討を続ける。

大阪　大阪府公立高入試は調査書に3年間の評定を使用

このところ、高校入試改革ではさまざまな角度から先鞭《せんべん》をつけている大阪府の動向に本誌も注目しているが、大阪府教育委員会は6月、2018年度大阪府公立高校入試の選抜方法や配点、学力検査問題について公表。調査書には、中学校での3学年すべての評定を使用することとした。この春までは、2年生と3年生の評定（3年生は3倍に換算）だった。

来年度入試からは中学1年生から3年生の3年間の評定を調査書に使用、全日制一般入試では、9教科の評定を各50点（3年生の評定×6倍＋2年生の評定×2倍＋1学年の評定×2倍）とする。満点は450点。

なお、大阪府の選抜実施要項詳細は10月中旬に公表を予定している。

首都圏の調査書評定使用では、埼玉県、千葉県が3学年すべて、神奈川県が2年生と3年生の評定を使用しているが、東京都立高校入試では、3年生のみ（2学期）の評定を調査書に反映している。

15歳の考現学

家族のあり方が変わってきたいま
学校のあり方の変容にも気づきたい

森上《もりがみ》 展安《のぶやす》

森上教育研究所所長。1953年、岡山県生まれ。早稲田大学卒業。進学塾経営などを経て、1987年に「森上教育研究所」を設立。「受験」をキーワードに幅広く教育問題を扱う。近著に『教育時論』（英潮社）や『入りやすくてお得な学校』『中学受験図鑑』（ともにダイヤモンド社）などがある。「わが子が伸びる 親の技《スキル》研究会」主催。教育相談、講演会も実施している。
HP：oya-skill.com

私事から書き始めることをお許しいただきたいのですが、筆者の次男が、人並みに年ごろとなりお相手もでき結婚する、と駐在しているフランスのパリから告げてきました。

彼がいうには、パリ駐在員で構成する所属のラグビーチーム諸先輩（どうも40代らしい）からの強いアドバイスとして「結納金はしっかり１００万円を新婦側に支払うように」と厳命を受けたとのこと。

さすがに近年は結婚式に立ち合う機会もなく、自らの経験はあまりに古く、婚儀の一連のプロセスの始めに結納があるとはいえ、仲人などという慣習も聞かなくなり、パリ在留邦人家族の結納金の常識に、いささかタイムラグを感じました。

そこで身近な関係者に聞いたところ、最近は新郎新婦の家族の引き合わせの食事会が結納の代替のように行われているとのことです。

さらに、おもしろいことに西日本某県に住む友人の高校教師から（彼は生徒の結婚式に頻繁に出ているという）、２０００年（平成12年）を境にして結納金持参の、いわゆる結納は行われなくなった実感がある、というユニークな観察結果がもたらされました。さすが、社会科の教師だけあって、「実感」に加えて、これは２０００年を機にした未婚率の上昇や母親や専業主婦とキャリアウーマンとの比率において後者が前者を逆転した、という統計なども示して、なんらかの社会変動が原因だろう、ということでした。

女性の社会進出という背景が、そこにはあるということなのですね。

女性の社会進出で家族のあり方に変化が

鹿島茂著『エマニュエル・トッドで読み解く世界史の深層』（ベスト新書）の分類によれば、日本の家族類型は、ドイツ、北フランス、北欧諸国などと同じ「直系家族型」になるのだそうで、イギリス、北アメリカ、南フランス、オーストラリアなどの「絶対核家族型」とは異なるタイプだそうです。

トッドはこの分類を親との同居や、遺産の分割を平等、不平等で分けていて、いうまでもなく日本は、親と同居し、遺産は長子相続つまり不平等に属します。もちろん、これは日本の多くの伝統社会でのことで、同書によれば、大阪はこれと違って日本のなかでも原初核家族型の西南日本の住人が多く移り住んだ結果、「絶対核家族型」になっている、との見解も示しています。

私が注目したのは、この2つの家族型対比で異なることが教育熱心かどうか、という著者、鹿島氏の視点でした。すなわち「直系家族型」は教育熱心、「絶対核家族型」は熱心とはいえないのだそうです。

じつは、就学支援金という家族に教育費を支援する制度を初めて導入したのが大阪です。つまり教育を家族だけに任せず社会で支える、という考え方に基づく支援金支給です。

どうして大阪からなのか、ということが私にはピンときていなかったのですが、この本のおかげで、家族のあり方が変容していて、教育に家族が熱心でなくなってきている、という変化が腑に落ちました。

加えて友人の高校教師が示した女性の社会進出→専業主婦の少数派化というのも大きな要因なのですね。というのも、専業主婦のきわめて大きな役割が子育てに専念することにあったわけですから、それが多数派ではなくなった。つまり、子どもの教育よりも、親自身の仕事や生活が優先されるようになったわけで、これは「絶対核家族型」に実質的に近くなったといえます。

しかもその変容は、先ほどの大阪だけの特別な家族類型のようなことではなく、母親の就業は全国的な事態ですし、未婚率の上昇が日本の場合は少子化に直結しますから、教育の土壌が変わってもきます。

子どもが周囲にいない、ということはじつは大人という存在をも薄れさせる点で少し厄介なところもあります。

女子の重みの変化で学校のあり方も変容

筆者の私事から家族のあり様の変化、それを社会としてどう考えていくべきかなどに広がって考えさせられました。最も身近な家族という存在について、じつはごく短い間に、これだけの変化が生じているのだと実感もしました。

鹿島氏によれば学校や会社など社会学にいう「中間集団」は家族類型と同型になるそうなので、「直系家族型」では権威としての父がいて、権力を持つ母がいるように、学校には校長という権威がいて、教頭という権力者がいるという構造でした。これが、学校へも「絶対核家族型」が敷衍《ふえん》していくことになれば、その構造も変わってきます。

「絶対核家族型」では、「直系家族型」のような構造にはなりません。

女性が社会に進出しているいま、妻の働きが夫の働きより収入が高いことも少なくない時代です。そうなるとどうでしょう。男子、女子のロールモデルも相当変わるでしょう。学校のなかでの女子、男子のアイデンティティーも違ってきます。

いきなり高校入試の話になりますが、高校入試の別学校募集がきわめて少なくなりました。来年からは**桐蔭学園**が別学から共学になります。また、私立高校で高校募集を行っている別学募集校は、いまでは**開成**、**豊島岡女子学園**などわずかです。

この十数年の変化で、共学である都立進学重点校が伸長し、ここ数年は、有名大附属がほぼすべて共学校化しました。つまり、上位校といわれる高校入試の学校が共学校化してきたのです。いずれもリーダーシップ教育が1つの柱です。男子も女子もリーダーシップを学び、また、フォロワーシップも学ぶ。男女どちらがどっちでもありません。

ついでに言えば、附属人気がとても強くなっています。附属自身の魅力ももちろんありますが、大学入試が、ここ数年で変わるのを見越してリスクを避けよう、という心理が働いていることは否めません。

やはり高大連携を進めるのが学校改革の趣旨であり、いわば入試一本からAO入試の大幅な導入ないし切り替えということが主眼です。しかもそれは形式上で、内実は、高校教育と大学教育を入試という切れ目を入れず接続して、継続した教育を実現しようということです。

それは日常的な努力ですから、どちらかというと女子の勤勉さに向いたシステムとも言えます。

それを保証するのが一貫教育ですから、大学附属人気というのもその意味で一貫教育への志向を読んでいる動きととらえることもできます。

これは別の見方をすると家族の教育機能の代替ですね。英米は、パブリックスクールの伝統があるように、生活丸ごと親から切り離すエリート教育ですが、今日、人気もあり、かつ実際に実現している大学附属の一貫教育では、受験支援のような家族の大幅なバックアップは、少なくとも大学入試では必要ありません。

そう考えると、自分たちの家族のあり方に沿った学校の選び方というのが、最も好ましいのではないかと思えてきます。

私立
INSIDE

首都圏私立高校 来年度の入試変更点

私立高校の入試制度は「前年度と同じ」という学校は多くはありませんので、進学する学校を選ぶ際にはよく調べなければなりません。極端ですが、志望するつもりでいた学校なのに今年は募集がなかったなどということもありえるのです。7月号に続いて入試変更情報〈その2〉をお届けします。

千代田女学園は共学部新設 和洋九段40年ぶり高校募集

首都圏の私立高校では来年度（2018年度）入試から、共学化やコース改編、募集枠の変更など、さまざまな動きが出ています。

本誌ではすでに7月号のこのコーナーで、5月20日までに判明していた各校の入試変更点をお伝えしました。ここでは、それ以降8月20日までに公表された学校とその変更点を掲載します。また、7月号で扱った学校であっても、新たな情報がある千代田女学園（＝武蔵野大学附属千代田高等学院）については重複してご紹介しています。7月号も並べてご覧になりながら、追加情報を更新していただきたいと思います。

■国立大学附属の入試変更点

私立高校の入試変更点をご紹介する前に、国立大学附属高校の入試に変更が出ていますのでお伝えしておきます。

〈面接廃止〉

●東京

・**東京学芸大附属**

これまで1次検査（学力検査）、2次検査（面接）を行っていたが、2018年度入試では面接を実施せず、2月13日の学力検査のみとなる（帰国生は面接あり）。合格発表は2月17日。なお、学力検査は500点満点、調査書は3年間の評定を100点に換算。

詳細は10月7日から配付の同校「生徒募集要項」を確認のこと。

■私立高校の入試変更点

〈校名変更〉

●東京

・**千代田女学園**

武蔵野大学附属千代田高等学院に校名変更する。共学部を設け、女子部と合わせ募集人員は計165名。

・**共学部**

IB（国際バカロレア）コース

日本語ディプロマ授業を採用。

IQ（文系探究、理系探究）コース

IBとIQ合わせて募集75名。

GA（グローバルアスリート）コース

午前授業・午後アスリート養成のコース、募集25名。

・**女子部**

LA（リベラルアーツ）コース

留学、英語力重視のコース。

ＭＳ（メディカルサイエンス）コース

武蔵野大と高大連携し、薬学部・看護学部への進学が柱。

女子部2コース合わせて募集65名。

・日体桜華

日本体育大学桜華に校名変更。

〈募集開始〉

●東京

・中村

国際科のみ高校募集開始。

・和洋九段女子

「グローバルコース」のみ募集を再開。募集人員20名。推薦入試1月22日（推薦書、調査書、面接）一般入試2月12日（調査書、英語能力検定書類審査、面接／筆記試験なし）。

●神奈川

・捜真女学校

高校募集再開。

・横浜富士見丘学園

中等教育学校から名称を中学校・高校に変更。正規に高校募集開始。募集人員１１０名。

〈共学化〉

●東京

・千代田女学園

武蔵野大学附属千代田高等学院と校名変更し共学部を新設（前項参照）

〈おもな入試変更〉

●東京

・巣鴨

公立高校の合格発表後までの延納制度を新設。

・芝浦工大附属

推薦入試で男子の推薦基準9教科評定の合計36から37に変更（女子は変更なし）。

※推薦基準の変更は、今後増えるので各校ホームページで確認のこと。

●埼玉

・早大本庄

２次試験の日程について、神奈川、千葉在住受験生は、公立高校との試験日が重複する者に限り、「男子2月14日・女子15日」を「女子2月14日・男子15日」に変更可能となる。

ただし「試験日時変更願」の提出が必須。集合時間等の規定があるので、該当の受験生は同校ホームページをよく確認すること。

また、「α選抜」の評定「3年間１５以上は、2年次38以上・3年次40以上に緩和（2年次9月以降在籍で来春卒業見込みの者）。「帰国生Ⅰ選抜」の海外在住期間「2年以上」を「1年6カ月以上」に緩和。

【２０１９年度以降の改編】

〈共学化〉

●東京

・八雲学園

２０２１年度を予定。

●神奈川

・横浜

２０２０年度を予定。

〈募集停止〉

●東京

・成城

２０１９年度を予定。

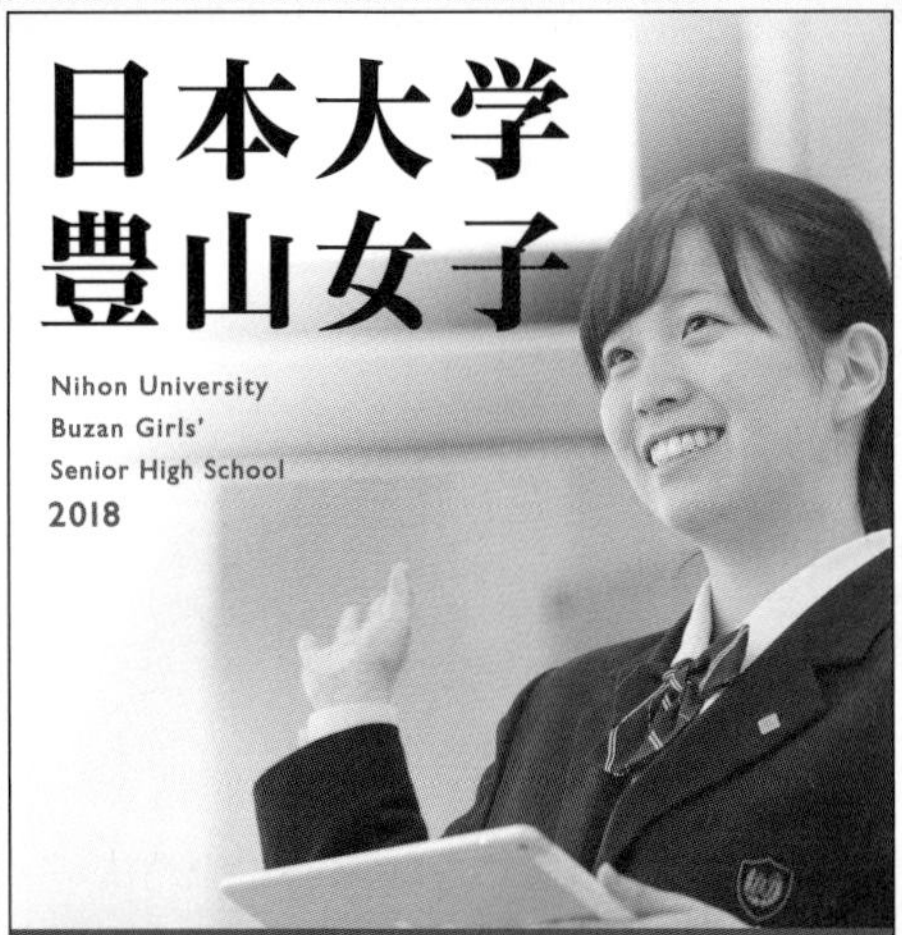

高校
「A特進」
「N進学」「理数S」
3つのクラス編成に

☑ 学力向上プロジェクトで確かな学力
☑ 茶道・華道など伝統ある女子教育
☑ 日大付属校で唯一の女子校
安心の付属推薦制度
中高大連携教育

◆ 学校説明会

第1回 9/16（土） ● 14:00～ ● 本校講堂
第2回 10/15（日） ● 13:00～ ● 本校講堂
第3回 11/25（土） ● 13:00～ ● 本校講堂
第4回（個別相談） 12/26（火） ● 9:00～12:00 ● 本校多目的ホール

※ 説明会終了後に個別相談・施設見学ができます。
詳細はHPをご確認ください。

◆ 池袋ミニ説明会 HPより要予約

10/7（土）
● 18:15～ ● アットビジネスセンター池袋駅前別館8階
※ 詳細はHPをご確認ください。

学校見学 随時可能です。事前にお電話にて予約をお願いいたします。

N. 日本大学豊山女子高等学校
〒174-0064 東京都板橋区中台3丁目15番1号
TEL • 03-3934-2341
access
● 東武東上線「上板橋」駅下車 …… 徒歩15分
● 都営三田線「志村三丁目」駅下車 …… 徒歩15分
赤羽・練馬より スクールバス運行
赤羽駅 ←→ 本校バスロータリー 15分
練馬駅 ←→ 本校バスロータリー 20分
詳しくはホームページをご覧ください。
日大豊山女子 検索
http://www.buzan-joshi.hs.nihon-u.ac.jp/

公立 CLOSE UP

首都圏の公立で、国公立大+早慶上理の「占有率」が高いのは？

安田教育研究所　副代表　平松 享

今春、首都圏（東京、神奈川、千葉、埼玉）の高校から、国公立大や早慶上理への合格者数を調べ、地域別、設置者別に５年前と比べました。また、各校の合格件数を卒業生数で割って、「占有率」を出し、その値の高い公立校や、伸びの大きい学校を地域ごとに並べました（データは㈱大学通信が調べた資料から安田教育研究所が集計。順位等を含め数値は暫定的なものです）。

国公立大は増加 早慶上理は減少

首都圏４都県（東京、神奈川、千葉、埼玉）の高校から、「国公立大」、「早慶上理」（早稲田大、慶應義塾大、上智大、東京理科大）、「難関国立大」（東京大、京都大、一橋大、東京工大、北海道大、東北大、名古屋大、大阪大、九州大、東京医科歯科大、神戸大）について、２０１２年（平成24年）と今春の合格件数（現浪計）と、伸び率を地域別、設置者別にまとめたのが**【表1】**です。

この春、国公立大への合格件数は、首都圏全体で1万7253件ありました。２０１２年の1万5845件より、１４００件以上の増加で、伸び率は１０９％です。

とくに、難関国立大への合格件数は、千葉の私立が5年前の１３７％に、東京の公立が１３６％に、東京の国立が１３０％に伸びるなど、首都圏の高校等からの合格者が増えました。

一方、早慶上理の件数は、大幅に減っています。８月号で取り上げたように、地方創生事業という国の施策で、大都市にある大学の合格者は意図的に絞られています。早稲田大

東京都市大学 等々力高等学校
TOKYO CITY UNIVERSITY TODOROKI SENIOR HIGH SCHOOL

学校説明会 要予約
第1回 9月16日㊏ 10:00～
第2回 10月15日㊐ 10:00～
第3回 11月18日㊏ 16:00～
第4回 12月17日㊐ 10:00～

※全て予約制となります。本校ホームページより、1カ月前より予約を開始いたします。
※駐車場は学校側ではご用意しておりません。
※上履きは必要ありません。

藍桐祭(文化祭)
9月30日㊏
10月 1日㊐
10:00～16:00

〒158-0082　東京都世田谷区等々力8-10-1　Tel.03-5962-0104　◎交通/東急大井町線・等々力より徒歩10分　◎http://www.tcu-todoroki.ed.jp/

【表1】４都県の難関大合格者件数の増減

地域	設置	国公立大＋早慶上理					難関国立大					早慶上理				
		12年	⇒	17年	増減	率	12年	⇒	17年	増減	率	12年	⇒	17年	増減	率
1都3県計	国立	1,596	⇒	1,706	110	107%	554	⇒	623	81	130%	1,042	⇒	1,083	41	104%
	公立	18,958	⇒	19,397	439	102%	7,132	⇒	8,237	316	123%	11,826	⇒	11,160	－666	94%
	私立	28,705	⇒	27,809	－896	97%	8,159	⇒	8,393	182	107%	20,546	⇒	19,416	－1,130	95%
	計	49,259	⇒	48,912	－347	99%	15,845	⇒	17,253	579	109%	33,414	⇒	31,659	－1,755	95%
東　京	国立	1,587	⇒	1,699	112	107%	270	⇒	351	81	130%	1,041	⇒	1,082	41	104%
	公立	5,987	⇒	6,879	892	115%	507	⇒	687	180	136%	3,922	⇒	4,135	213	105%
	私立	15,951	⇒	15,462	－489	97%	1,635	⇒	1,676	41	103%	11,777	⇒	11,163	－614	95%
	計	23,525	⇒	24,040	515	102%	2,412	⇒	2,714	302	113%	16,740	⇒	16,380	－360	98%
神奈川	公立	4,820	⇒	4,962	142	103%	314	⇒	376	62	120%	3,197	⇒	3,041	－156	95%
	私立	6,170	⇒	5,930	－240	96%	604	⇒	648	44	107%	4,460	⇒	4,183	－277	94%
	計	10,990	⇒	10,892	－98	99%	918	⇒	1,024	106	112%	7,657	⇒	7,224	－433	94%
千　葉	公立	3,926	⇒	3,662	－264	93%	229	⇒	286	57	125%	2,320	⇒	2,060	－260	89%
	私立	3,138	⇒	3,214	76	102%	235	⇒	321	86	137%	2,184	⇒	2,170	－14	99%
	計	7,064	⇒	6,876	－188	97%	464	⇒	607	143	131%	4,504	⇒	4,230	－274	94%
埼　玉	公立	4,225	⇒	3,894	－331	92%	336	⇒	353	17	105%	2,387	⇒	1,924	－463	81%
	私立	3,446	⇒	3,203	－243	93%	173	⇒	184	11	106%	2,125	⇒	1,900	－225	89%
	計	7,680	⇒	7,104	－576	93%	509	⇒	537	28	106%	4,513	⇒	3,825	－688	85%

☆難関国立大…東京大、京都大、一橋大、東京工大、北海道大、東北大、名古屋大、大阪大、九州大、東京医科歯科大、神戸大。
★合計には埼玉の国立１校を含む。

で発表された全国の合格者は、前年より１９００人近く少なくなりましたし、慶應義塾大も前年比86・１％の合格者数と、件数を減らしました。

その結果、首都圏の高校等から、早慶上理の各大学に合格した件数は、５年前より１７５５件減ってしまいました。「国公立大」＋「早慶上理」の件数は、この５年間より３４７件も減りました。なかでも東京や神奈川の私立からの合格者が減少しています。公立からの合格者は増加しています。

公立中高一貫校で大きい「占有率」の伸び

【表2】では、「国公立大」＋「早慶上理」の合格件数を卒業生数で割った「占有率」の変化を調べ、５年前からの伸びが大きかった高校の順に、地域別に並べています。国立や私立もいっしょです。

そのなかで、公立で伸びが大きかったのは、埼玉では、**市立浦和**、**川口北**、**県立浦和**、**越ヶ谷**など、千葉では、**千葉東**、**市立稲毛**、**市立千葉**などでした。

東京では、**三鷹中等教育**、**南多摩中等教育**、**立川国際中等教育**、**小石川中等教育**、**大泉**、**富士**など、新しく中高一貫校として開校した学校が伸びています（高校募集があるのは、大泉と富士のみ）。

ほかに、**新宿**、**小山台**、**町田**の進学指導特別推進校や、**小金井北**、**小松川**、**豊多摩**、**三田**などの進学指導推進校も伸ばしています。

また、こうした指定のない学校では、新設校の**多摩科学技術**が健闘しています。

神奈川も**柏陽**、**市立横浜サイエンスフロンティア**、**相模原中等教育**と、中高一貫校や進学指定校などが、着実に伸ばしています。

やはり伝統校が高い国公立＋早慶上理「占有率」

最後に、「占有率」の高い公立を地域別にあげておきます。並べてみると、地域別に合格基準の高い、伝統校の順になっていることがわかります。

《それぞれ上から、順位（〇数字）、学校名、（国公立＋早慶上理「占有率」、合格件数）》

地域別「占有率」＋合格件数

☆合格者数は、推薦と一般の合計。大学によって、補欠繰り上げ、AO入試などを含まない場

☆この一覧中の細字の学校は高校募集がありません。

合があります。

☆難関国立大…東京大、京都大、一橋大、東京工大、北海道大、東北大、名古屋大、大阪大、九州大、東京医科歯科大、神戸大。

東京

①日比谷（１６９％、５４１件）、②西（１５５％、５１０件）、③国立（１３３％、４９２件）、④小石川中等教育（１２７％、１９６件）、⑤八王子東（１１６％、３６１件）、⑥戸山（１０５％、３７４件）、⑦立川（１０２％、３２０件）、⑧大泉（89％、１７１件）、⑨新宿（88％、２８１件）、⑩青山（88％、２５２件）、⑪両国（88％、１６３件）、⑫南多摩中等教育（84％、１２３件）、⑬三鷹中等教育（84％、１２８件）、⑭武蔵（81％、１５５件）、⑮区立九段中等教育（78％、１１１件）、⑯桜修館中等教育（77％、１２０件）、⑰立川国際中等教育（69％、１００件）、⑱国分寺（63％、１９６件）、⑲白鷗（57％、１２８件）、⑳富士（57％、１０８件）。

神奈川

①湘南（１４６％、５２０件）、②横浜翠嵐（１４３％、６１６件）、③相模原中等教育（１１７％、１８２件）、④柏陽（１１５％、３６０件）、⑤市立横浜サイエンスフロンティア（96％、２２３件）、⑥厚木（74％、２６１件）、⑦平塚中等教育（69％、１０３件）、⑧川和（66％、２３６件）、⑨横浜緑ケ丘（64％、１７９件）、⑩横須賀（53％、１６７件）、⑪多摩（52％、１４４件）、⑫小田原（47％、１６６件）、⑬平塚江南（44％、１４１件）、⑭光陵（42％、１３１件）、⑮相模原（40％、１１３件）、⑯希望ケ丘（39％、１６４件）、⑰大和（32％、９０件）、⑱鎌倉（30％、83件）、⑲神奈川総合（29％、83件）、⑳金沢（28％、89件）。

千葉

①県立千葉（１６５％、５３１件）、②県立船橋（１２２％、４５２件）、③東葛飾（１１９％、４１９件）、④千葉東（１１５％、４２０件）、⑤佐倉（63％、２０３件）、⑥長生（47％、１６０件）、⑦市立千葉（44％、１４３件）、⑧市立稲毛（38％、１１９件）、⑨船橋東（36％、１１７件）、⑩佐原（36％、１１９件）。

埼玉

①県立浦和（１９０％、６８７件）、②大宮（１０９％、４４１件）、③県立川越（98％、３６０件）、④春日部（85％、３３９件）、⑤市立浦和（68％、２１５件）、⑥浦和第一女子（59％、２１９件）、⑦熊谷（50％、１８１件）、⑧川越女子（42％、１５５件）、⑨越谷北（40％、１５７件）、⑩所沢北（35％、１２８件）。

学校説明会

10/7㊏・11/4㊏

11/18㊏・12/2㊏

●PM 2：00～

「平成30年度 生徒募集要項」配布

※予約不要、上履き不要

いずみ祭

9/16㊏・9/17㊐

●AM9：30～

※入試相談コーナー設置

※予約不要、上履き不要

授業見学

実際に授業を見学することができます。お電話でお申込ください。

【資料請求】

本校窓口にて、学校案内を配布しております。郵送をご希望される場合は、本校ホームページより、必要事項をご入力の上、資料請求を行ってください。

今すぐアクセス!

専修大学
附属高等学校

MAIL nyuushi@senshu-u-h.ed.jp

〒168-0063 東京都杉並区和泉4-4-1

京王線 代田橋駅 徒歩10分

東京メトロ丸ノ内線 方南町駅 徒歩10分

TEL.03-3322-7171

【表2】国公立大＋早慶上理の合格件数と「占有率」過去５年の伸び率が高かった学校

国公立＋早慶上理占有率				高校名	設置者	国公立＋早慶上理合格件数			GMARCH合格件数		
伸び率	12年	⇒	17年			12年	⇒	17年	12年	⇒	17年
東京											
76.3%	31%	⇒	108%	東京学芸大国際中等教育	国	15	⇒	114	5	⇒	67
69.2%	17%	⇒	86%	広尾学園	私	42	⇒	246	117	⇒	239
65.9%	18%	⇒	84%	三鷹中等教育	公	58	⇒	128	197	⇒	151
57.2%	27%	⇒	84%	南多摩中等教育	公	88	⇒	123	216	⇒	159
53.8%	15%	⇒	69%	立川国際中等教育	公	24	⇒	100	95	⇒	127
46.7%	158%	⇒	204%	筑波大附属駒場	国	257	⇒	327	20	⇒	23
46.0%	50%	⇒	96%	東京都市大付属	私	118	⇒	216	139	⇒	226
45.4%	44%	⇒	89%	大泉	公	121	⇒	171	239	⇒	183
40.9%	137%	⇒	178%	武蔵	私	225	⇒	301	114	⇒	90
40.0%	0%	⇒	40%	宝仙理数インター	私	0	⇒	70	0	⇒	113
39.9%	87%	⇒	127%	小石川中等教育	公	139	⇒	196	85	⇒	129
38.8%	0%	⇒	39%	東京都市大等々力	私	0	⇒	73	4	⇒	160
35.9%	179%	⇒	215%	桜蔭	私	429	⇒	504	108	⇒	149
32.4%	115%	⇒	147%	本郷	私	355	⇒	448	350	⇒	300
31.0%	21%	⇒	52%	小松川	公	68	⇒	164	165	⇒	239
29.2%	59%	⇒	88%	新宿	公	191	⇒	281	318	⇒	353
25.8%	28%	⇒	54%	東京大附属中等教育	国	31	⇒	61	26	⇒	68
25.6%	12%	⇒	38%	小金井北	公	29	⇒	90	144	⇒	256
25.3%	31%	⇒	57%	富士	公	102	⇒	108	218	⇒	114
24.9%	未卒	⇒	24.9%	多摩科学技術	公	0	⇒	53	0	⇒	46
24.8%	2%	⇒	27%	朋優学院	私	10	⇒	106	42	⇒	275
24.5%	54%	⇒	78%	区立九段中等教育	公	65	⇒	111	51	⇒	97
19.2%	42%	⇒	62%	東農大一	私	143	⇒	212	232	⇒	257
17.9%	96%	⇒	114%	吉祥女子	私	268	⇒	286	258	⇒	281
16.7%	19%	⇒	36%	三田	公	52	⇒	112	131	⇒	297
16.4%	5%	⇒	22%	中村	私	6	⇒	22	20	⇒	36
16.1%	39%	⇒	55%	小山台	公	109	⇒	175	185	⇒	312
15.7%	18%	⇒	34%	聖ドミニコ学園	私	14	⇒	22	24	⇒	40
15.1%	23%	⇒	39%	町田	公	96	⇒	104	195	⇒	259
14.6%	12%	⇒	26%	豊多摩	公	33	⇒	83	95	⇒	179
14.3%	42%	⇒	57%	成城	私	124	⇒	156	223	⇒	157
14.1%	10%	⇒	24%	聖学院	私	19	⇒	31	39	⇒	62
13.7%	17%	⇒	31%	三輪田学園	私	28	⇒	50	71	⇒	131
13.6%	103%	⇒	116%	八王子東	公	327	⇒	361	313	⇒	308
13.3%	11%	⇒	24%	日野台	公	30	⇒	78	120	⇒	234
13.0%	13%	⇒	26%	調布北	公	30	⇒	61	124	⇒	176
12.4%	80%	⇒	92%	光塩女子学院	私	111	⇒	131	111	⇒	101
12.3%	118%	⇒	131%	お茶の水女子大附属	国	141	⇒	153	61	⇒	70
12.3%	50%	⇒	63%	田園調布雙葉	私	53	⇒	69	57	⇒	60
12.0%	46%	⇒	58%	東京工大附属科学技術	国	87	⇒	107	31	⇒	59
11.7%	21%	⇒	33%	順天	私	47	⇒	83	102	⇒	170
10.8%	166%	⇒	177%	攻玉社	私	391	⇒	443	209	⇒	303
10.3%	70%	⇒	81%	武蔵	公	145	⇒	155	208	⇒	124
10.0%	19%	⇒	29%	香蘭女学校	私	32	⇒	50	27	⇒	57
9.8%	9%	⇒	19%	京華	私	20	⇒	45	28	⇒	79
9.8%	3%	⇒	13%	墨田川	公	9	⇒	39	57	⇒	93
9.1%	24%	⇒	33%	獨協	私	45	⇒	67	81	⇒	96
9.0%	3%	⇒	12%	南平	公	9	⇒	39	75	⇒	183
9.0%	15%	⇒	24%	北園	公	46	⇒	73	132	⇒	184
8.9%	79%	⇒	88%	両国	公	159	⇒	163	159	⇒	129
8.6%	5%	⇒	14%	駒込	私	22	⇒	57	43	⇒	117
8.2%	32%	⇒	40%	武蔵野北	公	78	⇒	96	148	⇒	329
7.7%	62%	⇒	70%	富士見	私	158	⇒	153	244	⇒	268
7.6%	18%	⇒	26%	聖心女子学院	私	22	⇒	30	7	⇒	21
7.4%	2%	⇒	9%	東大和南	公	5	⇒	29	39	⇒	126
7.3%	11%	⇒	19%	目黒星美学園	私	10	⇒	13	17	⇒	7
7.3%	2%	⇒	9%	実践学園	私	7	⇒	32	33	⇒	58
6.6%	4%	⇒	11%	田園調布	公	9	⇒	24	12	⇒	83
6.5%	4%	⇒	10%	文教大学付属	私	8	⇒	26	9	⇒	57
6.1%	5%	⇒	11%	昭和	公	14	⇒	35	72	⇒	113
5.8%	3%	⇒	8%	国立音楽大附属	私	4	⇒	11	6	⇒	10
5.7%	15%	⇒	20%	足立学園	私	53	⇒	64	114	⇒	96
5.6%	2%	⇒	7%	神代	公	5	⇒	20	30	⇒	74
5.4%	8%	⇒	14%	文京	公	23	⇒	44	50	⇒	131
5.3%	4%	⇒	9%	明星	私	11	⇒	29	21	⇒	62
5.2%	19%	⇒	25%	佼成学園	私	39	⇒	52	64	⇒	75
神奈川											
92.0%	25%	⇒	117%	相模原中等教育	公	39	⇒	182	225	⇒	171
69.1%	未卒	⇒	69.1%	平塚中等教育	公	0	⇒	103	0	⇒	118
64.4%	74%	⇒	138%	洗足学園	私	204	⇒	332	206	⇒	340
51.5%	45%	⇒	96%	市立横浜サイエンスフロンティア	公	103	⇒	223	52	⇒	155
25.7%	68%	⇒	93%	神奈川大附属	私	137	⇒	215	183	⇒	225
25.0%	0%	⇒	25%	函嶺白百合	私	0	⇒	8	0	⇒	1
20.4%	94%	⇒	115%	柏陽	公	263	⇒	360	254	⇒	380
16.7%	78%	⇒	95%	鎌倉女学院	私	127	⇒	154	192	⇒	209
16.5%	27%	⇒	43%	清泉女学院	私	45	⇒	73	67	⇒	97
14.3%	190%	⇒	204%	フェリス女学院	私	345	⇒	373	190	⇒	231
11.7%	4%	⇒	16%	聖ヨゼフ学園	私	3	⇒	8	14	⇒	7
11.2%	2%	⇒	13%	中大附属横浜	私	1	⇒	33	6	⇒	21
9.2%	4%	⇒	13%	新城	公	11	⇒	36	49	⇒	107
7.7%	25%	⇒	32%	大和	公	59	⇒	90	171	⇒	213
6.1%	6%	⇒	12%	神奈川学園	私	12	⇒	20	53	⇒	78
5.3%	2%	⇒	8%	横浜翠陵	私	2	⇒	18	7	⇒	27
5.2%	110%	⇒	115%	公文国際学園	私	180	⇒	177	152	⇒	121
千葉											
33.8%	81%	⇒	115%	千葉東	公	264	⇒	420	270	⇒	413
26.3%	11%	⇒	38%	市立稲毛	公	36	⇒	119	109	⇒	242
18.3%	123%	⇒	142%	市川	私	531	⇒	618	442	⇒	393
17.7%	184%	⇒	201%	渋谷教育学園幕張	私	689	⇒	711	164	⇒	174
17.7%	88%	⇒	105%	昭和学院秀英	私	230	⇒	329	297	⇒	302
10.0%	4%	⇒	14%	千葉明徳	私	10	⇒	35	33	⇒	45
8.3%	36%	⇒	44%	市立千葉	公	115	⇒	143	223	⇒	213
6.4%	10%	⇒	16%	日出学園	私	14	⇒	19	27	⇒	23
6.0%	18%	⇒	24%	志学館	私	50	⇒	79	45	⇒	68
埼玉											
37.7%	未卒	⇒	37.7%	開智未来	私	0	⇒	58	0	⇒	75
20.3%	48%	⇒	68%	市立浦和	公	155	⇒	215	251	⇒	319
15.5%	9%	⇒	25%	川口北	公	30	⇒	91	105	⇒	134
14.4%	175%	⇒	190%	県立浦和	公	640	⇒	687	338	⇒	396
11.0%	33%	⇒	44%	大宮開成	私	145	⇒	274	237	⇒	489
8.7%	1%	⇒	10%	山村国際	私	3	⇒	28	0	⇒	10
8.3%	11%	⇒	20%	越ヶ谷	公	36	⇒	70	102	⇒	123
7.4%	13%	⇒	21%	昌平	私	51	⇒	100	60	⇒	119
5.8%	9%	⇒	15%	和光国際	公	30	⇒	50	110	⇒	105

※「占有率」の伸び率５％以上の学校を抜粋

高校入試の基礎知識

首都４都県の公立高校 来年度入試変更点

公立高校でも、長いとはいえないタームで入試制度がさまざまに変更されます。それを知らずに時間が過ぎ、思っていた形の入試ではなかった、というのでは困ります。今号では、変更点が多い順に千葉、埼玉、神奈川、東京の首都4都県の公立高校入試変更点を探ってみました。

千葉県公立高校

専門学科の前期募集枠 ほぼ全校で１００％に

千葉県の公立高校入試（県立・市立）が、前期・後期選抜制度になって、来春８回目の入試を迎えます。

さて来春、一部に変更があります。千葉公立の２０１８年度（平成30年度）入試の前期選抜（２月13日実施）では、内申（調査書の評定）、学力検査、２日目検査など合否判定に伴うすべての資料を点数化して、合計した「総合点」で選抜する形に変更されることになりました。

これは、**幕張総合**の昨年春までの入試で、前期検査の際、実技検査を受けた者の方が極端に優遇されたり、部活動間で事前にA判定を出す受検者の数を調整していた疑いなどをめぐって校長が謝罪する事態になったことを受けてのものです。

千葉県教育委員会は、入試の公正・公平・透明性を確保するため、各校に対して、透明化が図られた選抜方法を作成・公表するよう指導しています。

各高校が詳しい選抜方法を決めて、10月に各校ホームページで「選抜・評価方法」を公表しますので、見逃さないようにしましょう。

前期・後期制になってからの入試変更では、２０１６年度（平成28年度）入試で、専門学科の前期定員枠がそれまで「50〜80％」だったものが、「50〜１００％」と、すべての定員を前期に集中させてもいいことになりました。これを受け、千葉公立の入試での顕著な傾向として、普通科以外の専門学科では、前期で定員の１００％を募集枠とする学校が非常に多くなっています。

なお、普通科では前期募集定員の割合は「30〜60％」と規定されており、ほとんどの普通科で、前期は60％を募集定員としています。各校が前期のうちに、より多くの生徒を確保したい姿勢が垣間見えています。

木更津・理数科の前期選抜枠 75％→１００％に変更

前項で述べた専門学科の前期募集枠が１００％に移行している傾向は、昨春２０１７年（平成29年）に新設された**木更津**の理数科でも同様の決断となりました。

初年度の２０１７年春は総定員40

名のうち30名が前期募集枠（75％）となっていましたが、来春の２０１８年度入試では、前期枠が40名（１００％）となります。

前年の人気から考えて、欠員はないものと考えられますので、後期選抜（３月１日実施）は実施されなくなるものと思われます。理数科志望の受験生は注意してください（※前期選抜で１００％の定員募集枠の場合でも、前期選抜後その定員に達しないときは、後期選抜が実施される）。

これとは逆に、**館山総合**などのように、これまで各学科とも１００％だった前期募集枠を、学科ごとに50～75％などに変更している学校もあります。このような学校では後期選抜が実施されますので、よく調べましょう。

実施での敬遠を怖れたか 前期適性検査実施校が減少

近年、前期「２日目検査」の変更はほとんどありませんでしたが、２０１８年度入試では、２日目検査で「適性検査を自己表現に」「自己表現を面接に」など変更する高校がめだっています。前述した「前期選抜ですべての資料を点数化」する方針から、適性検査が受検生に敬遠されるのを怖れているのかもしれません。

このようにして、前期２日目検査を変更したのは17校18学科で次の通りです。

【適性検査を変更する13校】

「適性検査→自己表現」**我孫子**、**市川南**、**浦安**、**小見川**、**犢橋**《こてはし》、**佐倉西**、**佐倉南**、「適性検査→面接・自己表現」**土気**、**富里**、**成田国際**、**柏陵**、**船橋二和**、**四街道**。

【自己表現を変更する４校】

「自己表現→面接」**君津**、「自己表現→面接・自己表現」**佐倉東**、**幕張総合**、**八千代西**。

なお、**泉**は国・数・英で学校独自問題を作成していましたが、全県共通の学力検査問題（国・数・英）に変更します。

後期選抜の検査を変更するのは５校５学科です。

後期選抜の「必要に応じて実施する検査」は実施校が減少傾向にあり、**安房**、**磯辺**、**柏中央**、**若松**では、実施していた面接を廃止します。

志願理由書については、**幕張総合**（普通科）で必要になる一方、**館山総合**と**流山**では提出が不要となります。志願理由書の提出校は11校15学科まで減ります。

我孫子、君津に教員基礎コース 農業系・商業系では学科を再編

千葉県が打ち出した「県立学校改革推進プランの第３次実施プログラム」の一環として、我孫子と君津に「教員基礎コース」が新設されます。このコースは、入試段階での別枠募集ではなく、教員基礎コース生でクラスを編成することもありません。長期休業中などにクラスや学年を超えたグループで学校設定科目を受講して単位を修得します。

このほかにも、学科を再編する高校が多くなっており、以下の高校で変更があります。

旭農業（生産技術科・生活科学科

ユメは叶う。
そう、想える。

八王子高等学校では、3コース／3クラス／3類系の編成で、生徒一人ひとりの多様な可能性を最大限に引き出す教育を展開しています。異なる個性や目標を持った仲間と過ごす3年間は、お互いの人格を尊重し合うという建学の精神を身をもって育む実践的な場でもあるのです。

◆文理コース
（特進クラス／選抜クラス／進学クラス）
◆総合コース
（文科系／音楽系／美術系）
◆アスリートコース
●個性を活かすコース／クラス／類系
●年々伸びる合格実績
●全国レベルを誇るクラブ活動

学園祭開催 9/23（土）・9/24（日）
※説明会は本校HPにて完全予約制です。
※詳しい学校紹介はHPまたは学校案内をご覧ください。

八王子学園
八王子高等学校
Hachioji Senior High School
〒193-0931 東京都八王子市台町4-35-1
Tel. 042-623-3461（代）
URL http://www.hachioji.ed.jp
E-mail info@hachioji.ed.jp
JR中央線「西八王子駅」から徒歩5分

→園芸科、食品流通科→食品科学科）

大網（生産技術科・農業経済科→農業科、食品工学科→食品科学科）

君津商業（情報管理科→情報処理科）

下総（生産技術科→園芸科、航空車両整備科→自動車科、情報ビジネス科→情報処理科）

多古（生産流通科→園芸科）

千葉商業（情報システム科→情報処理科）

鶴舞桜が丘（食と緑科→園芸科）

流山（園芸科・生活科学科→園芸科、会計科→商業科）

成田西陵（生産技術科・生活科学科→園芸科、環境建設科→土木造園科、生産流通科→食品科学科、情報科学科→情報処理科）

茂原樟陽（生産技術科→農業科、生産流通科→食品科学科、緑地計画科→土木造園科）

埼玉県公立高校

2018年春の埼玉公立高校早くも募集人員が公表に

前年より4カ月も早い6月の発表となったのが、埼玉県の公立高校入試における来年度の募集人員です。

埼玉県では、県内公立中学校の来春3月の卒業予定者が大きく減ることが見込まれています（1242人減）。このための早めの措置とみていいでしょう。

来年度の入学生が大きく減ることから、県の教育委員会は地域性を考慮しながら、各高校の募集人員を学級の増減（1学級40人）として振り分けました。

まず、その内訳を見ていきましょう。来春の公立高校募集人員は、1学級減が20校、1学級増が7校で差し引き13学級減、生徒数にして、520人も定員が削減されます。

それに加え、川口市立3校の再編統合で1学級40人減となります。

これは、市立川口総合、市立川口、市立県陽の3校を「**川口市立**」の1校に統合、480人募集の新校として来春、新校舎で再スタートさせるものです。これまでは3校合わせて520人の募集がありました。

そして、**さいたま市立大宮西**が中等教育学校に再編するための調整期となり来年度の募集は行わないため、6学級240人の減となります（大宮西中等教育学校は2019年度開校）。これらすべてを合わせて、埼玉県内の公立高校の募集人員は、20学級分、800人の削減になります。

各1学級増減される学校をみていくと、**川越**、**川越女子**、**蕨**、**市立浦和**などが1学級の定員を増やす一方、**浦和第一女子**、**大宮**、**春日部**、**越谷北**などで1学級分の定員が減らされます。

川越、川越女子、蕨、市立浦和は2年前に減らしましたが、再び戻すことになります。

浦和第一女子については2年前に増やしましたが再び削減。大宮、春日部は昨年は定員増でしたが来春は削減して元に戻します。越谷北は久々の削減です。

学校選択問題の採用校は2017年度と同じ20校

このような募集定員の変化は、受検生の動向にどのような影響をおよぼすでしょうか。

入れようとする水の量が決まっていて、器が変わるのならば、単純に、定員減の学校は倍率が高くなる傾向、定員増の学校は倍率が低くなる傾向ということになりますが、それ以上に、その前の年の結果倍率に強い影響を受けることの方が多いようです。

前年の倍率が高くなった学校は敬遠され、倍率が下がった学校は応募者が集まりやすいという現象です。

来年の入試が難しくなるか、易しくなるかは、いま見た来春の定員の増減と、この春の結果倍率、さらにこの春はその前年に比べて定員が増えていたのか、減っていたのかも見なければなりません。

とくに注意しなければならないのは、前年が定員増で倍率が下がった学校で、来年度定員が減らされる場合です。今春入りやすかったため、定員減にもかかわらず「入りやすいだろう」と志望者が集まり、その結果、倍率が大きく上がり難化することがあるからです。

逆に今春定員減で倍率が上がった学校で、来春定員が増える場合は狙い目になるかもしれません。

この春の倍率上昇を見ての敬遠が、定員増で「入りやすくなるかも」という思惑を上回る可能性があるからです。

これらのことは、受検生・保護者ではなかなか判断できないでしょうから、進学塾の先生に相談してみましょう。

このほかでは、本誌締め切りまでに（8月20日）、大きな変更は公表されていませんが、学力検査問題に「学校選択問題」を採用する学校が、すでに決まっています。これは今春の２０１７年度と同じ顔触れで、以下の20校となりました。

【学校選択問題を採用する学校】

県立浦和（全日制）、浦和第一女子（全日制）、浦和西、大宮、春日部（全日制）、川口北、川越、川越女子、川越南、熊谷（全日制）、熊谷女子、熊谷西、越ヶ谷（全日制）、越谷北、所沢（全日制）、所沢北、不動岡、和光国際、蕨、市立浦和。

学校選択問題は、２０１７年度から始まった制度です。

この年から数学と英語の学力検査問題は、受検生全員が最後までしっかりと取り組み、力が発揮できるように内容を改善しました。

同時に出題易化への懸念から、一部の学校では、学校の判断により、数学と英語の学力検査のうち、問題の一部に応用的な内容を含む「学校選択問題」を実施することを可としたものです。この応用的な選択問題は、教育委員会が作問しています。

神奈川県公立高校

２０１８年度入試の選考基準を７月に発表

２０１３年度（平成25年度）に、前期・後期選抜を一本化した共通選抜になって６年目の神奈川公立高校入試。７月、来年度、２０１８年度入試の選考基準を公表しました。

２０１７年度入試では、県立高校での専門コースを廃止したり、一部の総合学科を単位制普通科に変更するなどの改革を実施し、県内の学校を再編していこうという動きが活発でしたが、来春の２０１８年度では、大きな変更はなく、少し落ち着きを取り戻しています。

学校の統合・再編で３校が募集停止に

以前から公表されている県立校の再編計画として、２０２０年度には、３校（↑６校）の大きな統合が予定されています。

「氷取沢と磯子」「弥栄と相模原青陵」「横須賀明光と大楠」が、それぞれ統合され３校となります。

このため、来春の２０１８年度募集で、磯子、相模原青陵、横須賀明光（国際科）は、その募集を停止します。このことにより、来年度の公立高校の募集定員全体が減る可能性もありますが、それに伴って他校の定員を増やすのかなどは、まだ公表されてません。

各校の募集定員は、毎年10月末に発表されます。

正確な数字ではありませんが、神奈川県の統計などから得た、本誌の推定では公立中学校の県内卒業生は約１１００人強が減る見込みですので、公立高校の募集定員も全体に減らす傾向になるものと思われます。

なお、氷取沢、弥栄、大楠の募集は続けられます。また、予定されている**「平塚農業と平塚商業」**の統合・再編については、新校舎の予定地の埋蔵文化財が見つかったことから発

3ヶ月留学で自分を磨け
東京の西に明法あり！
明法高等学校

■学校説明会
※すべての説明会で、終了後個別相談会を開催します。
HPにて要予約9／30(土)～実施日前日正午
10月28日(土)14:30～
11月４日(土)14:30～
11月18日(土)14:30～
11月25日(土)14:30～
12月３日(日)14:30～
■個別受験相談会
推薦入試・一般入試併願優遇等の相談
※11月24日(金)より電話予約
電話受付時間　平　日9:00～16:30
土曜日9:00～13:30
12月１日(金)16:00～
12月２日(土)10:30～
12月３日(日)16:00～
12月６日(水)16:00～
12月８日(金)16:00～
12月９日(土)10:30～
12月11日(月)16:00～
12月16日(土)15:00～
■明法祭(文化祭)
9月30日(土)・10月１日(日)
＊9月30日(土)10:00～学校説明会開催

〒189-0024
東京都東村山市富士見町２丁目4-12
TEL. 042-393-5611㈹　FAX. 042-391-7129
http://www.meiho.ed.jp
メールマガジン配信中。本校HPよりご登録ください。

掘調査のため1年延期され、2020年開校を予定しています。

小田原が特色検査をやめ 柏陽は2科目重点化廃止

さて、公表された選考基準の表を見ていくと、個々の学校で来年度から変更される点が見つかりますので、一部をお知らせしておきます。

横浜翠嵐、**湘南**、**柏陽**など上位校と並んで、特色検査として学力検査に近い筆記試験を行っていた**小田原**では、来春の2018年度からはそれを廃止します。

小田原の1次選考は、従来の「内申：学力：面接：特色＝3：5：2：2」の比重が、「内申：学力：面接＝4：4：2」に改められ、2次選考では「学力：面接：特色＝8：2：2」が「学力：面接＝8：2」となって特色検査がなくなります。1次選考では、従来よりも内申の比重が高いことになるので小田原の受検を考えている人は注意が必要です。

また、**平塚江南**は、1次選考での特色検査（自己表現）の比重を下げ、「内申：学力：面接：特色＝3：5：2：2」→「内申：学力：面接：特色＝3：5：2：1」に変更します。

柏陽の1次選考では、これまで「学力検査の国・数・英のうち点数の高い2教科の得点を2倍」する重点化が行われていましたが、2018年度の入試では廃止し、多くの高校と同じように5教科の学力検査の得点がそのまま合否判定に使われるようになります。

一方、**市立川崎**では「内申の英語を1・5倍」、**大師**では「内申の国・数・英を2倍」、氷取沢では「内申の英語を2倍」とする重点化を新たに導入します。

このほかにも各校で変更が行われていますので、7月に神奈川県教育委員会のホームページで発表された「神奈川県公立高等学校入学者選抜選考基準」で確認しましょう。

東京都立高校

進学指導重点校などで 自校作成問題が復活

東京都立高校での入試変更は、本誌締め切りまでには公表されていませんので、ほぼ今春通りの入試で進行するものと思われます。詳細は9月初旬に発表されます。

ただ1点、すでに昨年度の2016年7月に決まっていた大きな変更があります。それは、上位校で自校作成問題が復活することです。

東京都の上位校では、学力検査は自校で作成していました。上位校が上位校であり続けるためには、やはり優秀な生徒、自らの学校にマッチした生徒が取りたいのです。

ところが都教育委員会は、2014年度入試から学力検査を「学力検査問題（国・数・英）のグループ作成」に変更しました。つまり、進学指導重点校グループ7校など、いくつかの上位グループで、グループ所属の教員が集って、協力して作問する形にしたのです。

しかし、グループ共通問題とすることで期待された「中学生の志望校の選択幅拡大」には、あまり寄与しませんでした。

しかも、グループによっては学校ごとに難度が違い、また各校の特色や求める生徒に合わせて、一部の問題の差し替えを行わざるを得ない状況になってしまいました。

それでも、昨年度の入試までは続けられましたが、その入試を経ての振り返りのなかで、ついに見直しをせざるを得なくなったものです。

来春入試から、進学指導重点校グループ（**日比谷**、**戸山**、**青山**、**西**、**八王子東**、**立川**、**国立**）と進学重視型単位制校グループ（**新宿**、**墨田川**、**国分寺**）は、2015年度までと同様の自校作成の形に戻し、各学校が求める生徒を選抜できる検査問題を作成することとしました。

しかし、グループ作成問題にも一定の効果はあったことから、中高一貫校の併設型校グループ（**白鷗**、**両国**、**富士**、**大泉**、**武蔵**）は、グループ作成による効果やメリットを活かし、今後もグループ作成を継続していくことになりました。

インフルエンザ罹患生を 救済して二次募集日に追試

すでに83ページでもふれていますが、2018年度入試から、インフルエンザ等の罹患により、都立高校の第一次募集を受けられなかった場合に、第二次募集で学力検査を受けることで救済することにします。

「分割後期募集・第二次募集」と同日程での実施となりますが、選抜方法は同日行われる共通問題を使用した、国語、数学、外国語（英語）の3教科の学力検査と、面接が基本となる予定です。詳細は現在も調整中です。

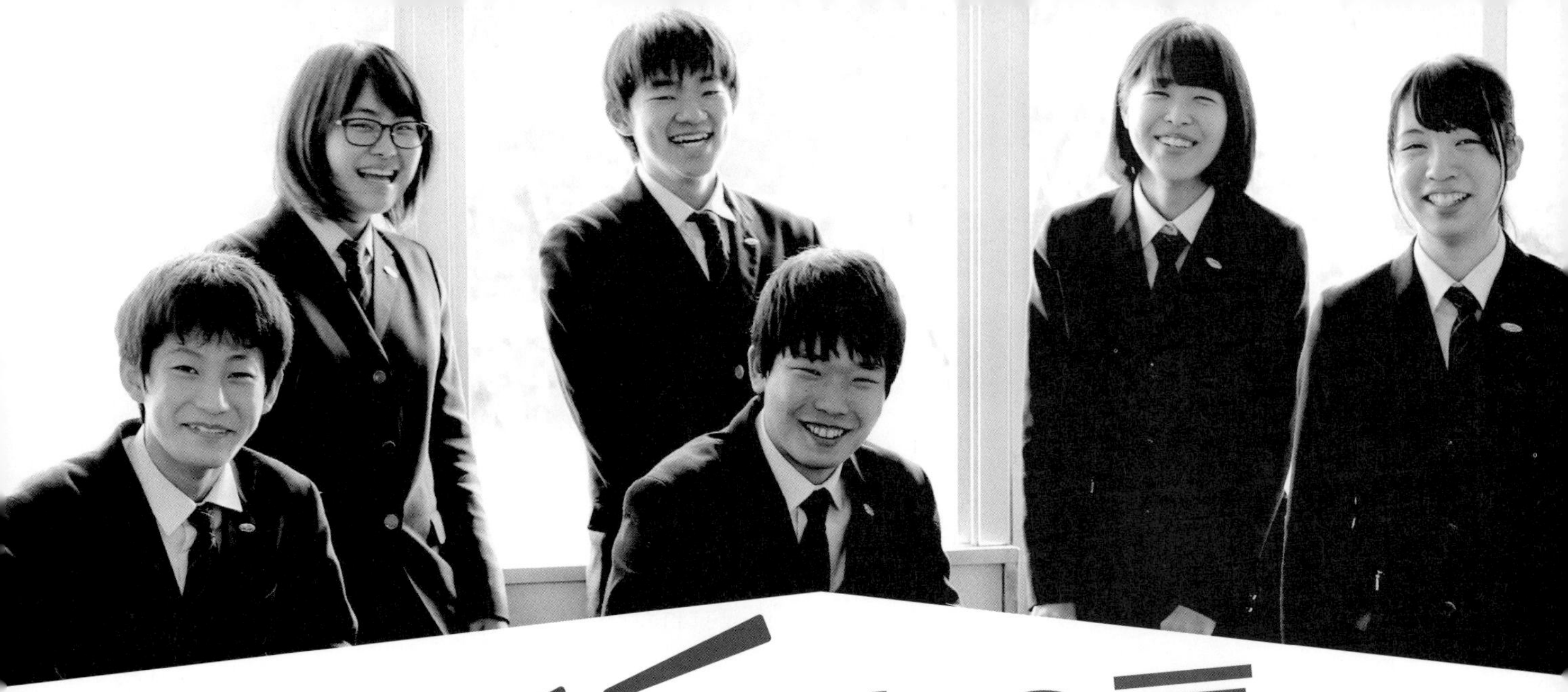

開け 未来の扉

夢、応援します!

2018年度高校入試学校説明会

全日程で個別相談コーナーを設置します

9月16日(土)10:00~,14:30~　11月25日(土)14:30~ ★入試対策を実施
10月 7日(土)10:00~,14:30~　12月 2日(土)14:30~ ★入試対策を実施
10月28日(土)14:30~

※11/25と12/2の『入試対策』は同じ内容ですので、どちらか一方にご参加ください。

個別相談会

11月18日(土)
14:30~17:00
要予約

安田祭《文化祭》

11月3日(金・祝)11月4日(土
10:00~15:00 ★個別相談を行います

安田学園高等学校

自学創造|自ら考え学び、創造的学力・人間力を身につけ、グローバル社会に貢献する

S特コース
► 東大など最難関国立大を目指す

特進コース
► 難関国公立大・早慶上理を目指す

進学コース
► GMARCH・中堅私大を目指す

ACCESS
► JR総武線「両国駅」西口徒歩6分
► 都営・大江戸線「両国駅」A1口徒歩3分
► 都営・浅草線「蔵前駅」A1口徒歩10分

〒130-8615 東京都墨田区横網2-2-25
入試広報直通TEL 0120-501-528

安田学園 検索

難関大学現役合格実績

8月号の答えと解説

問題：危ない橋を渡る（論理パズル）

大人３人、子ども３人のグループがハイキングを終えて帰る途中、川があって、そこに吊り橋がかかっていました。橋のたもとの看板には、「吊り橋は古いので、一度に渡れるのは、大人は１人まで、子どもは２人までしか渡ることができない」と書かれていました。

また、薄暗くなってきたので、懐中電灯がなければ渡れないのですが、あいにく１本しかありません。

このとき、全員が渡り終わるまでに、最低何回橋を渡らなくてはいけませんか。

次のア～エから、正解を選んでください。

ア　11回　　**イ**　13回　　**ウ**　15回　　**エ**　17回

解答：ウ

解説

同じ状態に戻らないようにするためには、子ども２人が橋を渡り、そのうちの１人が懐中電灯を持って戻るしかありません。続いて、大人１人が橋を渡り、向こう側に残っていた子ども１人が懐中電灯を持って戻ります。以上の手順を図にすると下のようになります。

	こちら側	吊り橋を渡る方向	向こう側	
１回目	大大大子	→		子子（子ども２人が渡る）
２回目	大大大子	←	子	子（子ども１人が戻る）
３回目	大大子子	→	子	大（大人１人が渡る）
４回目	大大子子	←	大	子（子ども１人が戻る）

以上から、大人１人が橋の向こう側に移動した状態になるのに、橋を４回渡らなくてはいけないことがわかります。したがって、この手順を３度繰り返すと、計12回橋を渡ることで、大人３人が橋の向こう側に移動し、こちら側に子ども３人が残っている状態になります。

12回目	子子	←	大大大	子
13回目	子	→	大大大	子子
14回目	子	←	大大大子	子
15回目		→	大大大子	子

12回目以降は上の図のようにして、15回目には全員が渡り終えることがわかります。

中学生のための学習パズル

今月号の問題

英語クロスワードパズル

カギを手がかりにクロス面に単語を入れてパズルを完成させましょう。

最後に **a** ～ **f** のマスの文字を順に並べてできる単語を答えてください。

※濃い色のマスには文字は入りません

ヨコのカギ

1 ⇔ expensive
3 The book ____ a million copies.（その本は 100 万部売れた）
6 ⇔ uncle
7 The ____ bird catches the worm. ≪ことわざ≫
8 Let's ____.（さあ、始めよう）
10 ユーモア、気分
12 ⇔ long、tall
14 See you ____ week.（また、来週）
15 Sit ____ 、please.（おかけください）
16 Are you ____ ?（準備はできましたか）

タテのカギ

1 take ____ of ～（～の世話をする）
2 "Let's ____ tennis." "Yes let's."
3 It has been raining ____ last night.（昨夜からずっと雨が降っている）
4 a ____ game（引き分け試合）
5 Butter is made ____ milk.
9 ____ up（成長する。大人になる）
10 I ____ the bell ring.（ベルが鳴るのを聞いた）
11 the Pacific ____（太平洋）
12 the ____ s and Stripes（星条旗）
13 ____ speak Spanish in Mexico.（メキシコではスペイン語を話す）

応募方法

左のQRコードからご応募ください。
◎正解者のなかから抽選で３名の方に図書カード（1000円相当）をプレゼントいたします。
◎当選者の発表は本誌2017年12月号誌上の予定です。
◎応募締切日 2017年10月15日

8月号学習パズル当選者

全正解者16名

菅　風輝さん（中３・千葉県千葉市）
柏原　愛珠さん（中２・東京都江戸川区）
三森日向子さん（中１・東京都足立区）

に挑戦!!

玉《たま》川《がわ》学《がく》園《えん》高等部

問題

下の図のように、マッチ棒1本を一辺とする正三角形を作り、マッチ棒を1段目、2段目、3段目、4段目、…というように、規則正しく増やしていく。例えば、4段目まで並べたとき、マッチ棒の総数は30本あり、一番下の段にはマッチ棒1本を一辺とする正三角形が7個できる。このとき、次の問いに答えよ。

1段目　2段目　3段目　4段目　・・・

①7段目まで並べたとき、一番下の段にはマッチ棒1本を一辺とする正三角形は何個できるか求めよ。

②11段目まで並べたとき、マッチ棒の総数は全部で何本になるか求めよ。

③正三角形を n 段目まで並べたあと、マッチ棒を69本増やすと（$n+1$）段目ができるという。このとき、n の値を求めよ。

解答　①13個　②198本　③$n=22$

◆ 東京都町田市玉川学園6-1-1
◆ 小田急線「玉川学園前駅」徒歩15分、東急田園都市線「青葉台駅」バス
◆ 042-739-8931
◆ http://www.tamagawa.jp/academy/lower_upper_d/

学校説明会〈要予約〉
9月17日(日)　10：00～12：00
10月27日(金)　19：00～20：00
11月18日(土)　14：00～16：00
12月 2日(土)　10：00～12：00

音楽祭〈要予約〉
11月 9日(木)　14：00～16：00
※会場：パルテノン多摩(詳細はWEBで確認)

ペガサス祭(文化祭)
9月16日(土)　9月17日(日)
両日とも9：00～16：00

体育祭
10月14日(土)　9：30～14：30
※雨天順延、入試相談コーナーあり

横《よこ》須《す》賀《か》学《がく》院《いん》高等学校

問題

次の1から5の――のカタカナは漢字に直して書きなさい。また6から10の――の漢字の読みをひらがなで答えなさい。

1、その日本画の筆致はシュウイツを極めている。
2、政情不安から街にフオンな空気が漂っている。
3、男女がともにサンカクできる社会が望ましい。
4、職人の仕事にドンヨクなまでの執念を感じる。
5、将来のために知識をタクワえることが重要だ。
6、自分の思いを偽ってしまっては元も子もない。
7、彼の表情を見て、それ以上詮索はしなかった。
8、冬場の練習が試合の結果に如実に表れている。
9、赤ん坊の屈託のない笑みにほっとさせられる。
10、科学者は既知の法則を利用して実験している。

解答　1、秀逸　2、不穏　3、参画　4、貪欲　5、蓄　6、いつわ(って)　7、せんさく　8、にょじつ　9、くったく　10、きち

◆ 神奈川県横須賀市稲岡町82
◆ 京浜急行線「横須賀中央駅」徒歩10分、JR横須賀線「横須賀駅」徒歩18分またはバス
◆ 046-822-3218
◆ http://www.yokosukagakuin.ac.jp

文化祭
9月30日(土)　9：00～15：00

入試問題対策会＆入試説明会
11月 3日(金祝)　10：00～15：00
※対策会のみ要予約

学校案内日
11月23日(木祝)　12月 2日(土)
両日とも10：00～11：30／13：30～15：00

個別相談週間
12月4日(月)～8日(金)　14：30～17：00
※説明会・校内見学あり、個別相談のみ要予約

毎週月曜に学校説明会(要予約)、9～10月に部活体験会(要予約)あり、学校HP参照

私立高校の入試問題

郁《いく》文《ぶん》館《かん》高等学校

◆ 東京都文京区向丘2-19-1
◆ 地下鉄南北線「東大前駅」徒歩5分、地下鉄千代田線「根津駅」「千駄木駅」・都営三田線「白山駅」徒歩10分
◆ 03-3828-2206
◆ http://www.ikubunkan.ed.jp/

郁秋祭(文化祭)
9月30日(土)　10月 1日(日)

理事長による学校説明会
9月30日(土)　10月 1日(日)
11月25日(土)　12月16日(土)

問題

次の各組の英文の(　　)内に共通して入る語を答えなさい。文頭に来る語でも小文字で解答して構わない。

1 Don't forget to (　　) a hotel room before you travel.
Soseki Natsume wrote a (　　) based on his experience.

2 Tokyo is the (　　) city of Japan.
Write your name in (　　) letters.

3 Turn off the (　　) when you leave.
This laptop computer is very (　　) and easy to carry.

4 I'm afraid that Mr.Smith is out now. (　　) you call back later?
Please throw away this empty bottle in a trash (　　).

5 Mr. Ito is very (　　). He always helps me.
What (　　) of music do you like?

解答 1. book　2. capital　3. light　4. can　5. kind

渋《しぶ》谷《や》教《きょう》育《いく》学《がく》園《えん》幕《まく》張《はり》高等学校

◆ 千葉県千葉市美浜区若葉1-3
◆ JR京葉線「海浜幕張駅」徒歩10分、京成千葉線「京成幕張駅」徒歩14分、JR総武線「幕張駅」徒歩16分
◆ 043-271-1221
◆ http://www.shibumaku.jp/

入試説明会
11月 5日(日)　9：30〜12：00

問題

ある言語が苦手な人に情報を伝えるためには工夫が必要である。このことについて、下記の設問に答えなさい。

写真1は、JR山手線の目黒駅のホームに2016年8月から設置された新しい駅名標である。この駅名標には、日本語が苦手な外国人に情報を伝達しやすくするための、さまざまな工夫が施されている。その工夫について、具体例を2つあげなさい。

写真1
(2016年8月撮影)

※実際の入試問題はカラーで印刷されています。JY22を囲う枠は黄緑色、恵比寿・五反田と書かれた帯部分は中央が黄緑色、そのほかは緑色です。

解答例
・路線名をアルファベットの記号で表現している。
・駅に通し番号をつけている。
・駅名が日本語のほか、中国語、ハングル、アルファベットなど多言語で表記されている。
・路線ごとに色分けがされている。

新刊案内　受験生を持つ親に贈る グローバル教育出版の本

お父さん お母さん
気づいていますか?
子どものこころ
淡路雅夫 著
Masao Awaji
子育てに「流《は》行《や》り」はない
どのような時代にあっても、子育てとは、子どもが主体的に生き抜いていく力をつけてあげること。そして「人間関係力」と「社会人力」を育んであげること。その基本は変りません。
グローバル教育出版

子育てのベテランがつづった

●淡路雅夫 著

A5判　256ページ
並製　ソフトカバー
定価:本体2,000円＋税
ISBN978-4-86512-118-6

お父さん　お母さん 気づいていますか？

子どものこころ

娘の気持ち 息子のホンネ 気づいていますか

進学校の教員、校長として、いつも中高生のそばいた著者が「子育てに流《は》行《や》りはない」という持論を幹に、ご父母に語りかけます。「これからの社会は、ますます子育てに正解のない時代になります。親は、子どもに寄り添いながら、自分の生き方も考えていかなければならない時代です。社会の一員として、新しい時代にふさわしい子どもの学力や社会的人材を育成する意識を持って、子どもを育ててほしいと願っています」………………淡路雅夫

淡路 雅夫（あわじ　まさお）淡路子育て支援教育研究所主宰。國學院大学・同大学院修了。私立浅野中学・高等学校（神奈川県）の校長歴任後、大学で教員志望学生への教職アドバイザーを務める。講演、執筆活動を通して私学支援を行う。専門分野は子どもの教育・福祉を中心とした家族・親子問題。著書に『児童福祉概論』（八千代出版）、『人に育てられて生きる』（社会評論社）、『お母さんにはわからない思春期の男の子の育て方』（中経出版）、『先生! 子どもが元気に育っていますか?』（弊社）その他。

- 第１章　子どもの育つ環境が変わっていることに気づいて
- 第２章　親の生活格差の拡大と子どもの生活
- 第３章　子育ては、対症療法の指導から教育的対応の時代へ
- 第４章　伸びる子どもには、共通点がある
- 第５章　子どもに豊かなキャリアを
- 第６章　女性の時代と人生100年の学びを
- 第７章　子どもを育てるのは何のため
- 第８章　親が気づかない「子どもの心」

※第８章では、本書の半分のページを割いて、親が具体的に直面する、身近な課題、疑問など約30の問題について取り上げ、著者が「Q&A方式」で答えます。あなたへの答えが、きっとここにあります。

ご注文ダイヤル ☎03-3253-5944　インターネットでの注文も承っております。http://www.g-ap.com/　**グローバル教育出版**

Letter section

みんなの お便りコーナー サクセス広場

テーマ
感動した映画

「ビリギャル」です。この映画を見て自分も頑張ろうって思えました！
（中２・ハモニカこぞうさん）

「君の名は。」です。瀧君と三葉の淡い恋が少しずつ濃くなっていくのがとても感動しました。絵もとてもきれいで、自分の知っている場所が出て来たときは、興奮しました。本当にすばらしい映画です。
（中３・三次元で三つ葉になりたいさん）

「レ・ミゼラブル」は音楽や歌がとってもよくて、つらい話も多いんだけど、それでも見終わったあとにいい映画だったなと思えました。
（中２・中世かぶれさん）

「トイ・ストーリー３」。１、２も好きだけど、３が一番感動します。自分が大切にしているぬいぐるみと映画に出てくるおもちゃのキャラクターたちが重なって…。いままで以上にそのぬいぐるみを大事にしようと思いました。
（中１・バズライトさん）

「遠い空の向こうに」です。ロケット作りをする高校生の話です。主人公たちが夢に向かって努力する姿を見て、私も早く夢を見つけたいなと思いました。
（中２・I.K.さん）

テーマ
２学期から始めたいこと

１学期に志望校を決めたので、あとは合格するために**勉強する**のみ。それにプラスして、毎日寝る前に合格したときの自分をイメージして、モチベーションを高めたいと思います！　ただ、いつも布団に入るとすぐ寝ちゃうので、イメトレできるかな…。
（中３・５秒あれば寝れちゃうさん）

早起き。一度目が覚めても、まだ大丈夫と結局ギリギリまで寝てしまい、毎日母に怒られています。今度、大音量の目覚ましを買ってもらう予定なので、２学期からはきっと大丈夫なはずです！
（中２・二度寝大好きさん）

一日一善。こないだテレビで芸人のみやぞんさんが、人に親切にするぞって思って起きてるって言っていたのを聞いて感動しました。ぼくも人には優しくしようと思いました。
（中３・J.N.さん）

空いている時間の**「ちょっと勉強」**。仲のいい友だちがやっていて、それで成績があがったと言っているので！
（中２・抜け駆け反対さん）

寝る前に暗記をすることです。記憶の定着にいいと聞いたので。これで苦手を克服だ！
（中１・理系人間？　さん）

テーマ
好きな色とその理由

黒。どんな色にも染まらない強い感じがするからです。ぼくも周りに流されないような強い自分になりたいと思います。
（中１・ブラックさん）

水色です。好きなキャラクターの髪の色だから！
（中３・Ｋさん）

赤。情熱的な感じがして、元気になれるから。まぁぼく自身は熱い男ではないんですが…。
（中２・ぬるい男さん）

紫が好きです。なんだか怪しげな色なので惹《ひ》かれます。
（中３・紫式部さん）

メチャクチャ天気がいい日の、あの青というか水色というか、元気をもらえるような**空の色**が好きですね！
（中１・部活キツイ!!! さん）

必須記入事項

Ａ／テーマ、その理由　Ｂ／郵便番号・住所
Ｃ／氏名　Ｄ／学年　Ｅ／ご意見、ご感想など

右のQRコードからケータイ・スマホでどしどしお寄せください！
住所・氏名は正しく書いてください。
ペンネームは氏名のうしろに（　）で書いてネ！
【例】サク山太郎（サクちゃん）

Present!!
掲載された方には抽選で３名に
図書カード（500円相当）をお届けします！

募集中のテーマ

「いま熱中してること」

「テストでしちゃったミス」

「うちの学校のここを変えたい！」

応募〆切 2017年10月15日

ここから応募してね！

ケータイ・スマホから
上のQRコードを
読み取って応募してください。

掲載にあたり一部文章を整理することもございます。個人情報については、図書カードのお届けにのみ使用し、その他の目的では使用いたしません。

精神科医からの処方箋

子どものこころSOS

大人の知らない「子どものこころ」。そのなかを知ることで、子どもたちをめぐる困難な課題を克服する処方箋を示唆。気鋭の精神科医・春日武彦が「子どものこころ」を解きほぐし、とくに受験期に保護者がとるべき態度や言動をアドバイスします。

A5判　並製224ページ
定価　1,700円＋税
ISBN978-4-86512-091-2

価格改定 普及版

新装刊

精神科医　春日 武彦　著

「率直に言って、受験を迎えるお子さんがいるご家庭においては、親子ともに『こころの健康マネージメント』が必要だと感じています。しかし、これを実際におこなっていくのは、なかなかむずかしい。本書は、現実生活のなかでどう対応したらよいのかを、学説や教育論ではなく、こころに届く絶妙な筆致で綴った得難い一冊です」（教育評論家・森上展安）

子どもの
こころ？

受験期には
どう接すれば
いい？

子どもと
うまく
つきあいたい

★ご注文方法
本書は一般書店にてお買い求めになることができます。万が一、書店店頭に見当たらない場合には、書店にてご注文のうえ、お取りよせいただくか、弊社営業部までご注文ください。ホームページからもご注文いただけます。

株式会社 グローバル教育出版
〒101-0047 東京都千代田区内神田２－４－２　グローバルビル
TEL：03-3253-5944（代）　FAX：03-3253-5945

世間で注目のイベントを紹介

！サクセス イベントスケジュール！

9月～10月

日本の祭 長崎くんち

毎年10月７～９日の３日間行われる長崎市・諏訪大社の秋季大祭「長崎くんち」。「龍踊《じゃおどり》」「鯨《くじら》の潮吹き」「太鼓山」などの鮮やかでダイナミックな演《だ》し物が特徴。アジアやヨーロッパとの交流の窓口となった歴史を持つ、長崎らしい異国情緒あふれるお祭。

1 \\史上最大の運慶展//

興福寺中金堂再建記念特別展 運慶

9月26日（火）～11月26日（日）
東京国立博物館

平安時代から鎌倉時代にかけて活躍した、日本で最も有名な仏師、運慶の作品が上野の東京国立博物館に大集結！　現在、31体が現存すると考えられている（諸説あり）運慶作の仏像のなかから、なんと22体を展示。普段は見ることのできない後ろ姿をはじめ、360度全方位から鑑賞できる作品もあるなど、展覧会ならではの演出も見どころだ。

世田谷パン祭り2017

10月8日（日）・10月9日（月祝）
世田谷公園・池尻小学校第2体育館ほか

食欲の秋、食いしん坊さん待望の、おいしいパンに出会えるイベントが今年も開催される。７回目を迎える「世田谷パン祭り」は、まさに「パンを楽しむお祭り」。パンの販売を行うパンマーケットをはじめ、「パンと世界」をテーマとしたパンについて学べるプログラムなど、さまざまな企画が用意されている。パンとの新しい出会いを存分に楽しもう。

2 \\おいしいパンが大集合！//

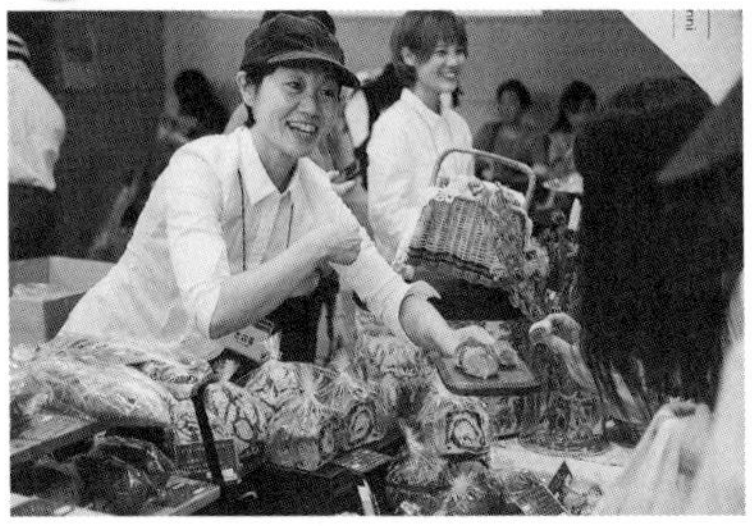

3 \\展覧会のテーマは「恐怖」//

「怖い絵」展

10月7日（土）～12月17日（日）
上野の森美術館

作家・ドイツ文学者の中野京子氏による、絵に隠された「恐怖」をテーマとした美術書としてベストセラーとなった『怖い絵』シリーズ。その世界が展覧会になって登場！　書籍内で紹介された作品をはじめ、新たに展覧会用に選ばれた作品など、ヨーロッパ各地で描かれた油彩画・版画約80点が会する。絵に秘められた「恐怖」を感じよう。Ⓟ5組10名

4 \\稀代の建築家、安藤忠雄//

国立新美術館開館10周年 安藤忠雄展－挑戦－
TADAO ANDO：ENDEAVORS

9月27日（水）～12月18日（月）
国立新美術館

「光の教会」、「表参道ヒルズ」、「東急東横線渋谷駅」「国立国際子ども図書館」など、みんなも見たり実際に訪れた経験があるであろう有名建築を生み出した、建築家・安藤忠雄。半世紀におよぶ安藤のキャリアを、人物像の紹介などを交えて展示する注目の展覧会だ。代表作「光の教会」を原寸大のスケールで再現する野外展示にも注目。Ⓟ5組10名

日韓交流おまつり 2017 in Tokyo

9月23日（土祝）・24日（日）
日比谷公園

2005年（平成17年）の日韓国交正常化40周年を記念して始められ、2009年（平成21年）からは日韓両国で開催されている「日韓交流おまつり」。日本と韓国の伝統舞踏や音楽による充実のステージ、おいしい韓国料理・食品の販売コーナーなど、楽しみながらお隣の韓国について学べるイベントだ。華やかな色使いが魅力の韓服試着コーナーもあるよ。

5 \\最大規模の日韓交流行事//

6 \\待望の日本初回顧展//

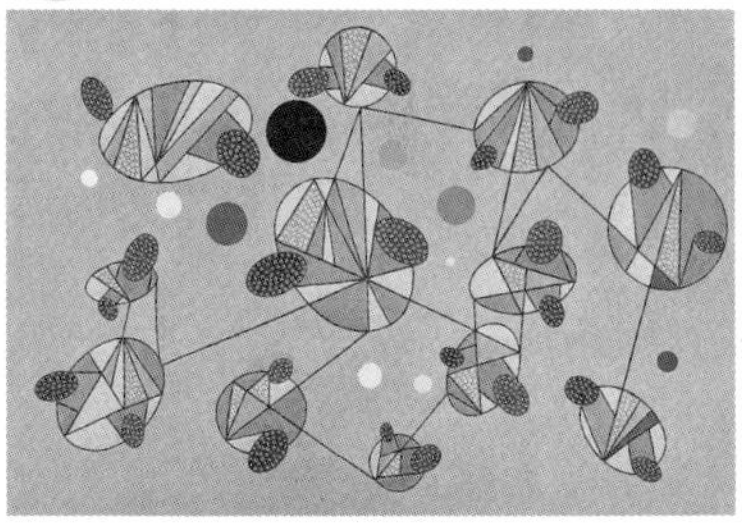

知られざるスイスの画家 オットー・ネーベル展
シャガール、カンディンスキー、クレーの時代

10月7日（土）～12月17日（日）
Bunkamuraザ・ミュージアム

スイス、ドイツで活動し、多様な色彩を用いながら抽象的な世界を描き出した画家、オットー・ネーベル。この、「知られざる画家」を紹介する待望の日本初回顧展が開催される。日本ではあまり知名度が高くないが、作品をひと目見れば、独特の世界感に魅了されるはず。クレーやカンディンスキーなど、同時代の作家作品も見られるよ。Ⓟ5組10名

1 国宝　大日如来坐像 運慶作 平安時代・安元２年（1176）奈良・円成寺蔵 写真：飛鳥園　**3** ハーバート・ジェイムズ・ドレイパー《オデュッセウスとセイレーン》1909年 油彩・カンヴァス リーズ美術館蔵 ©Leeds Museums and Galleries（Leeds Art Gallery）U.K. / Bridgeman Images　**4** ポートレイト，（撮影：荒木経惟）　**6** オットー・ネーベル《ドッピオ・モヴィメント（二倍の速さで）》1936年、ラッカー塗料・紙、オットー・ネーベル財団

招待券プレゼント！ Ⓟマークのある展覧会・イベントの招待券をプレゼントします。99ページ「学習パズル」にあるQRコードからご応募ください。（応募締切2017年10月15日）。当選者の発表は賞品の発送をもってかえさせていただきます。

Success 15 fifteen
Back Number

サクセス15 バックナンバー 好評発売中！

2017 9月号

思考力・判断力
表現力の磨き方

映像技術はここまで進歩した！

SCHOOL EXPRESS 早稲田大学高等学院
FOCUS ON 東京都立国立

2017 8月号

目で見て肌で感じよう
学校発イベントの歩き方

科学に親しむためのおすすめ書籍

大学研究室探検隊 早稲田大 菅野研究室
FOCUS ON 神奈川県立横浜翠嵐

2017 7月号

魅力イロイロ 違いもイロイロ
首都圏の国立大学12校

世界を驚かせた近年の科学ニュース

大学研究室探検隊 東京大 宮本研究室
FOCUS ON 東京都立戸山

2017 6月号

個別の大学入試も
変化している

和算にチャレンジ

大学研究室探検隊 慶應義塾大 大前研究室
FOCUS ON 東京都立西

2017 5月号

先輩に学び、合格をめざせ！
高校受験サクセスストーリー

重要性が高まる英語検定

SCHOOL EXPRESS 神奈川県立湘南
FOCUS ON 埼玉県立川越

2017 4月号

知っておこう
英語教育のこれから

あの天文現象の仕組みを教えます

SCHOOL EXPRESS MARCHの附属・系属校
FOCUS ON 神奈川県立柏陽

2017 3月号

10項目で比べてみた
早稲田大と慶應大

用法を誤りがちな日本語

SCHOOL EXPRESS 慶應義塾湘南藤沢
FOCUS ON 千葉県立船橋

2017 2月号

2020年度からの
大学入試改革

広がる「人工知能」の可能性

SCHOOL EXPRESS 東京学芸大学附属
FOCUS ON 神奈川県立川和

2017 1月号

東大生がアドバイス
高校受験の心得

入試直前期の不安解消法

SCHOOL EXPRESS 筑波大学附属駒場
FOCUS ON 東京都立新宿

2016 12月号

なりたい職業に
つくためには

文豪ゆかりの地めぐり

SCHOOL EXPRESS 渋谷教育学園幕張
FOCUS ON 埼玉県立川越女子

2016 11月号

ポイントを押さえて
英語を学ぼう

ノーベル賞について知ろう

SCHOOL EXPRESS 豊島岡女子学園
FOCUS ON 千葉県立佐倉

2016 10月号

公立高校のよさ、
知っていますか？

これが大学の学園祭だ！

SCHOOL EXPRESS 東京都立八王子東
FOCUS ON 神奈川県立厚木

2016 9月号

視野が広がる！
海外語学研修の魅力

文化祭へレッツゴー！

SCHOOL EXPRESS 埼玉県立大宮
FOCUS ON 市川

2016 8月号

生活面から勉強面まで
夏休み攻略の手引き

語彙力アップのススメ

SCHOOL EXPRESS 筑波大学附属
FOCUS ON 埼玉県立春日部

2016 7月号

作文・小論文の
書き方講座

いろいろなオリンピック&甲子園

SCHOOL EXPRESS 千葉県立千葉
FOCUS ON 東京都立白鷗

2016 6月号

高校入試にチャレンジ！
記述問題特集

頭を柔らかくして解いてみよう

SCHOOL EXPRESS お茶の水女子大学附属
FOCUS ON 神奈川県立希望ケ丘

これより前のバックナンバーはホームページでご覧いただけます（http://success.waseda-ac.net/）

How to order
バックナンバーのお求めは

バックナンバーのご注文は電話・ＦＡＸ・ホームページにて
お受けしております。詳しくは112ページの「information」をご覧ください

＜コーナー名＞

＜本文中記事＞

「個別指導」という選択肢――

《早稲田アカデミーの個別指導ブランド》

MYSTA 早稲田アカデミー 個別指導マイスタ

WASEDA ACADEMY KOBETSU SCHOOL 早稲田アカデミー 個別進学館

“個別指導”だからできること × “早稲アカ”だからできること

- 難関校にも対応できる
- 弱点科目を集中的に学習できる
- 部活と両立できる
- 早稲アカのカリキュラムで学習できる

好きな曜日!! 「火曜日はピアノのレッスンがあるので集団塾に通えない…」そんなお子様でも安心 !! 好きな曜日や都合の良い曜日に受講できます。

1科目でもOK!! 「得意な英語だけを伸ばしたい」「数学が苦手で特別な対策が必要」など、目的・目標は様々。1科目限定の集中特訓も可能です。

好きな時間帯!! 「土曜のお昼だけに通いたい」というお子様や、「部活のある日は遅い時間帯に通いたい」というお子様まで、自由に時間帯を設定できます。

回数も都合にあわせて設定!! 一人ひとりの目標・レベルに合わせて受講回数を設定します。各科目ごとに受講回数を設定できるので、苦手な科目を多めに設定することも可能です。

苦手な単元を徹底演習! 平面図形だけを徹底的にやりたい。関係代名詞の理解が不十分、力学がとても苦手…。オーダーメイドカリキュラムなら、苦手な単元だけを学習することも可能です!

定期テスト対策をしたい! 塾の勉強と並行して、学校の定期テスト対策もしたい。学校の教科書に沿った学習ができるのも個別指導の良さです。苦手な科目を中心に、テスト前には授業を増やして対策することも可能です。

小・中・高 全学年対応/難関受験・個別指導・人材育成

早稲田アカデミー個別進学館

WASEDA ACADEMY KOBETSU SCHOOL

お問い合わせ・お申し込みは最寄りの個別進学館各校舎までお気軽に!

池袋西口校 03-5992-5901	池袋東口校 03-3971-1611	大森校 03-5746-3377	荻窪校 03-3220-0611	御茶ノ水校 03-3259-8411
木場校 03-6458-5153	吉祥寺校 0422-22-9211	国立校 042-573-0022	三軒茶屋校 03-5779-8678	新宿校 03-3370-2911
立川校 042-548-0788	月島校 03-3531-3860	西日暮里校 03-3802-1101	練馬校 03-3994-2611	府中校 042-314-1222
町田校 042-720-4331	新百合ヶ丘校 044-951-1550	たまプラーザ校 045-901-9101	武蔵小杉校 044-739-3557	横浜校 045-323-2511
大宮校 048-650-7225	川越校 049-277-5143	北浦和校 048-822-6801	志木校 048-485-6520	所沢校 04-2992-3311
南浦和校 048-882-5721	蕨 校 048-444-3355	市川校 047-303-3739	千葉校 043-302-5811	船橋校 047-411-1099
つくば校 029-855-2660	新規開校	南大沢校 042-678-2166	首都圏に32校舎 (今後も続々開校予定)	

MYSTA 早稲田アカデミー 個別指導マイスタ

お問い合わせ・お申し込みは最寄りのMYSTA各校舎までお気軽に!

渋谷校 03-3409-2311	池尻大橋校 03-3485-8111	高輪台校 03-3443-4781
池上校 03-3751-2141	巣鴨校 03-5394-2911	平和台校 03-5399-0811
石神井公園校 03-3997-9011	武蔵境校 0422-33-6311	国分寺校 042-328-6711
戸田公園校 048-432-7651	新浦安校 047-355-4711	津田沼校 047-474-5021

○ 目標・目的から逆算された学習計画

マイスタ・個別進学館は早稲田アカデミーの個別指導ブランドです。個別指導の良さは、一人ひとりに合わせた指導。自分のペースで苦手科目・苦手分野の学習ができます。しかし、目標には必ず期日が必要です。そこで、期日までに必要な学習内容を終えるための、逆算された学習計画が必要になります。早稲田アカデミーの個別指導では、入塾の際に長期目標／中期目標を保護者・お子様との面談を通じて設定し、その目標に向かって学習計画を立てることで、勉強への集中力を高めるようにしています。

○ 集団授業のノウハウを個別指導用にカスタマイズ

マイスタ・個別進学館の学習カリキュラムは、早稲田アカデミーの集団授業のカリキュラムを元に、個別指導用にカスタマイズしたカリキュラムです。目標達成までに何をどれだけ学習するかを明確にし、必要な学習量を示し、毎回の授業・宿題を通じて目標に向けて学習し続けるためのモチベーションを維持していきます。そのために早稲田アカデミー集団校舎が持っている『学習する空間作り』のノウハウを個別指導にも導入しています。

○ 難関校にも対応

マイスタ・個別進学館は進学個別指導塾です。早稲田アカデミー教務本部と連携し、難関校と呼ばれる学校の受験をお考えのお子様の学習カリキュラムも作成します。また、早稲田アカデミーオリジナルの難関校向け教材も、カリキュラムによっては使用することができます。

お子様の夢、目標を私たちに応援させてください。

無料 個別カウンセリング 受付中

その悩み、学習課題、私たちが解決します。

個別相談時間 30分～1時間

勉強に関することで、悩んでいることがあればぜひ聞かせてください。経験豊富なスタッフが最新の入試情報と指導経験をフルに活用し、丁寧にお応えします。 ※ご希望の時間帯でご予約できます。お電話にてお気軽にお申し込みください。

高3対象
日曜特訓
志望校別対策コース

東大 必勝コース
一橋大 必勝コース
東工大 必勝コース
早慶大 必勝コース
難関大 必勝コース

エキスパート講師陣
少人数・学力別クラス
志望校別オリジナル教材
徹底した添削テストシステム

[会場]▶ 東大必勝 御茶ノ水校 一橋大必勝 御茶ノ水校 東工大必勝 渋谷校
早慶大必勝 池袋校・渋谷校・国分寺校 難関大必勝 池袋校・渋谷校・国分寺校

[料金]▶ 入塾金：10,800円 (基本コース生は不要)
受講料：31,400円／ターム

高3対象 10月実施の入試本番そっくり模試
東大必勝模試 無料
10/14(土)・15(日)
[時間]▶ (10/14) 14：30〜18：55
(10/15) 9：30〜15：00／
15：10〜18：00
[会場]▶ 大学受験部 御茶ノ水校

お申し込み・お問い合わせは

0120(97)3737 (受付時間 10:00-18:30)
スマホ・パソコンで 早稲田アカデミー 検索 ➡「高校生コース」をクリック！

池袋校	03-3986-7891	荻窪校	03-3391-2011	新百合ヶ丘校	044-951-0511
御茶ノ水校	03-5259-0361	国分寺校	042-328-1941	大宮校	048-641-4311
渋谷校	03-3406-6251	調布校	042-482-0521	志木校	048-476-4901
大泉学園校	03-5905-1911	たまプラーザ校	045-903-1811		

医歯薬専門予備校47年の伝統と実績

医学部完全合格 142名

高1〜高3対象 無料 医歯薬科大入試の全てがわかる1日 メディカル・アカデミー 10/22(日)

医学部現役合格セミナー 9/24(日) 高1・高2対象 無料

医学部専門個別指導 Medical 1 メディカル・ワン

野田クルゼの最新情報はホームページでもご確認いただけます。 野田クルゼ 検索

早稲田アカデミー 教育グループ
医歯薬専門予備校
野田クルゼ
〈御茶ノ水〉
資料請求・お問い合わせ・各種お申し込みはお気軽にこちらへ

現役校 Tel 03-3233-6911(代)
Fax 03-3233-6922 受付時間 13:00〜22:00

本　校 Tel 03-3233-7311(代)
Fax 03-3233-7312 受付時間 9:00〜18:00

早稲田アカデミーグループ　早稲田アカデミー大学受験部　早稲田アカデミー個別進学館　MYSTA　野田クルゼ 現役校

2017年度大学入試　現役合格実績

東京大学 63名合格

医学部医学科 71名合格
東大理Ⅲ 3名合格
慶應義塾医学部 5名合格

早慶上智大 490名合格

GMARCH理科大 710名合格　京大・一橋大・東工大 20名合格

早稲田 197名合格	慶應義塾 137名合格	上　智 156名合格
学習院 47名合格	明　治 152名合格	青山学院 78名合格
立　教 100名合格	中　央 86名合格	法　政 151名合格
東京理科大 96名合格		

その他多数合格

【合格者数の集計について】合格者数は、早稲田アカデミーグループの、早稲田アカデミー大学受験部、早稲田アカデミー個別進学館・個別指導MYSTA、野田クルゼ現役校の、平常授業または特別クラス、夏期・冬期合宿に在籍し、授業に参加した現役生のみを対象に集計しています。模試のみを受験した生徒は、一切含んでおりません。

海外大学入試　アメリカ最難関大学に合格
全米総合大学ランキング1位※(2017)　プリンストン大学 2名合格
世界大学学術ランキング6位(2016)　T.H.E.世界大学ランキング7位(2016)　※US News America's Best Colleges

1人でもない、大人数に埋もれない、映像でもない「少人数ライブ授業」

生徒と講師が互いにコミュニケーションを取りながら進んでいく、対話型・参加型の少人数でのライブ授業を早稲田アカデミーは大切にしています。講師が一方的に講義を進めるのではなく、講師から質問を投げかけ、皆さんからの応えを受けて、さらに理解を深め、思考力を高めていきます。この生徒と講師が一体となって作り上げる高い学習効果は大教室で行われる授業や映像授業では得られないものです。

授業で終わらない。皆さんの家庭学習の指導も行い、第一志望校現役合格へ導きます

学力を高めるのは授業だけではありません。授業と同じくらい大切なのが、日々の家庭学習や各教科の学習法。効率的に授業の復習ができる家庭学習教材、必ず次回授業で実施される課題のフィードバック。面談で行われる個別の学習方法アドバイス。一人ひとりに最適なプランを提案します。

同じ目標を持つ友人との競争と熱意あふれる講師たち。無限大の伸びを作る環境がある

早稲田アカデミーは、志望校にあわせた学力別クラス編成。同じ目標を持つ友人と競い合い、励ましあいながら、ひとつのチームとして第一志望校合格への道を進んでいきます。少人数ならではでいつでも講師に質問ができ、講師は生徒一人ひとりに直接アドバイスをします。学習空間がもたらす二つの刺激が、大きな学力の伸びをもたらします。

From Editors

２学期が始まり、暑さも少しやわらいだころでしょうか。これを書いている現在はまだ８月。今月号の特集１「勉強と部活動 両立のヒント」も、夏休み中の学校を訪れて取材したものです。高校生のみなさんのお話を聞いていて、どの方も、勉強方法や時間の使い方を模索し、自分に合う方法を見つけ出して実行していることが印象に残りました。本誌で連載中の「和田式教育的指導」でも、筆者の和田秀樹先生がよく「自分に合った勉強方法を知ることが大切」と語っています。勉強と部活動の両立ができない、成績があがらない、という悩みのある中学生は、自分に合った方法が見つかっていないのかもしれません。色々なやり方を試してみてください。(H)

Information

『サクセス15』は全国の書店にてお買い求めいただけますが、万が一、書店店頭に見当たらない場合は、書店にてご注文いただくか、弊社販売部、もしくはホームページ（下記）よりご注文ください。送料弊社負担にてお送りします。定期購読をご希望いただく場合も、上記と同様の方法でご連絡ください。

Opinion, Impression & etc

本誌をお読みになられてのご感想・ご意見・ご提言などがありましたら、ぜひ当編集室までお声をお寄せください。また、「こんな記事が読みたい」というご要望や、「こういうときはどうしたらいいの」といったご質問などもお待ちしております。今後の参考にさせていただきますので、よろしくお願いいたします。

サクセス編集室 お問い合わせ先

TEL : 03-5939-7928　FAX : 03-5939-6014

高校受験ガイドブック2017 ⑩ サクセス15

発行　2017年9月15日　初版第一刷発行
発行所　株式会社グローバル教育出版
〒101-0047 東京都千代田区内神田2-4-2
ＴＥＬ　03-3253-5944
ＦＡＸ　03-3253-5945
http://success.waseda-ac.net
e-mail　success15@g-ap.com
郵便振替口座番号　00130-3-779535
編集　サクセス編集室
編集協力　株式会社 早稲田アカデミー

©本誌掲載の記事・写真・イラストの無断転載を禁じます。

Success15

10月号

表紙：神奈川県立横浜緑ケ丘高等学校

Next Issue 11月号

Special 1

東京大学ってどんなところ？

Special 2

モノのインターネット“IoT”が世界を変える!?

大学研究室探検隊vol.5

FOCUS ON

埼玉県立浦和高等学校

※特集内容および掲載校は変更されることがあります

Edogawa Girls'

夢 実現への第一歩

■入試説明会［要ネット予約］

10/28（土） **11/ 5**（日）
11/11（土） **11/18**（土） **11/25**（土）
14：00～15：30（11/5（日）のみ 12：00～13：30）
●校内見学・個別相談あり

■施設見学［要ネット予約］

9/16（土）
12/ 2（土） **12/ 9**（土） **12/16**（土）
13：00～15：00

■平成29年3月卒業生進学状況

	28年度	29年度
国公立	57	**49**
早稲田・慶應・上智・東京理科・ICU	91	**71**
明治・青山学院・立教・中央・法政・学習院	172	**186**

■平成29年度入試 医療系学科合格者

●医学部医学科 5名合格
徳島大1名　聖マリアンナ大1名　帝京大1名　獨協医科大1名　近畿大1名

●薬学科 37名合格
東京理科大1名　北里大1名　東邦大7名　星薬科大3名
明治薬科大1名　日本大3名　昭和大2名　帝京大3名

●看護学科 31名合格
慶應義塾大1名　順天堂大1名　聖路加国際大1名
東京慈恵会医科大1名　東邦大1名　東京医科大3名

●特待生制度
A特待：入学金と1年間の授業料全額免除　B特待：入学金の免除

江戸川女子高等学校

〒133-8552　東京都江戸川区東小岩5-22-1　Tel. 03-3659-1241　Fax. 03-3659-4994
JR総武線『小岩駅』下車→徒歩10分　京成線『江戸川駅』下車→徒歩15分

ISBN978-4-86512-129-2

C6037 ¥800E

定価：本体800円+税

グローバル教育出版

入塾生、受付中

曜日

現

きます。

に、

お子さまの答案を分析したうえで、今後の学習プランや
毎日の学習方法について具体的にご提案させていただきます。

[時間] 14：00～ ※学年により終了時間は異なります。 [料金] 2,160円

個別 無料 学習カウンセリング

クラス分けテストや各種模試の
結果をもとに中学・高校入試に精通した
講師による詳しいカウンセリングを
させていただきます。

※今お通いの塾の成績に関してもカウンセリングをさせていただきます。お気軽にご相談ください。

早稲田アカデミー

お申し込み、
お問い合わせは

カスタマーセンター
0120(97)3737まで。

スマホ・パソコンで 早稲田アカデミー 検索
http://www.waseda-ac.co.jp

ココからはがして下さい 12
1/1
ISBN：9784865121292
受注No：127146
受注日付：241205
コメント：6037
書店CD：187280 28
客注